改訂版
ロールシャッハ・スコアリング
——阪大法マニュアル——

辻　悟・福永知子【著】

金子書房

改訂版の刊行にあたって

　1997年に金子書房から出版された『ロールシャッハ検査法——形式・構造解析に基づく解釈の理論と実際』13)（辻　悟・著）は，幸い，わが国最初の本格的なロールシャッハ検査法の研究書との評を得ている。この著は，必ずしも「○○法」と呼ばれているいくつかあるスコアの枠組みにはとらわれず，どの整理法を用いている者にも十分有効な内容となっているが，理論的な正確さや論理性について定評のある「阪大法」のスコアリングに基づいている。この阪大法スコアを知ることで，辻の著書への理解が一貫性・整合性をもって高くなる。そこで，関西ロールシャッハ研究会主催講座の受講希望者からの強い要望により，また金子書房編集部長（当時）眞下清氏が出版の意義にすばやい理解を示していただき，1999年に金子書房より『ロールシャッハ・スコアリング——阪大法マニュアル』をまとめることができた。

　阪大法スコアは1940年代半ば頃に始まり，その後1950年頃から辻を中心とする大阪大学医学部精神医学教室ならびに，後には関西ロールシャッハ研究会関係者も加わって，この検査法に携わる多くの精神・心理臨床家によって集大成されてきたものである。『ロールシャッハ・スコアリング——阪大法マニュアル』の文中に文献番号を付して示しているが，阪大法スコアのできあがった歴史的な経過の概略は以下の通りである。

　1．「Ⅵ．文章型」の文章型分類と「Ⅷ．記録表」の動的表示法とは，先輩の長坂五朗博士の考案されたもので［以下，歴史的経過関連の人名敬称・称号等省略］，辻が同先輩から直接ロールシャッハ検査法の手ほどきを受けた時（1950年）にはすでにできあがっていた。そして，その後の研究の進展に応じて，標識項目は部分的に改訂されている。

　2．反応領域の普通部分反応の領域指定，形体水準の整理スケールのほかに，付加的な反応領域・反応決定因に関する標識の大部分は，長坂を顧問にして，辻・浜中薫香ならびに，小学生児童のプロトコールの整理に協力した数名の者を加えた検討の中で誕生した。

　3．反応領域の空白反応についての分類は，辻・藤井久和・大海作夫・恵美（現：大野）周子による。

　4．資料［基礎形体水準判定基準表］については，1956年6月の最初の［基礎形体水準判定基準表］は，辻・浜中のほかに，藤井・三谷昭雄が作成に参加しており，さらにその改訂に従事したのは辻・藤井・林正延である。この作業の進展には藤井が大きい推進力となっている。

　1997年出版の『ロールシャッハ検査法』は，関西ロールシャッハ研究会が長年にわたり開催している辻のロールシャッハ解釈理論を学ぶ中級講座前期テキストをまとめたものである。本書『ロールシャッハ・スコアリング』は，阪大法による実施法とスコアリングの理論を学ぶ初級講座のテキストである。初級講座では，他のロールシャッハ・ワーカーが，その逐語記録されたプロトコールとスコアをみてほぼ正確な解釈ができるようになること

を目標にしている。

　1969年の第1回初級講座の受講生であり，永年にわたり関西ロールシャッハ研究会の運営世話役をしてきた福永がテキスト原稿を整理し，まとめた。なお『ロールシャッハ検査法』の後半部分の［事例提示A］［事例提示B］にすでに記載されている阪大法スコアを，いわば回答例として，本書の実地練習に利用されれば有効である。

　「Ⅸ．事例とスコア例」については，その実際の概略理解のために，『ロールシャッハ検査法』［事例提示A］の《事例AM》pp.236〜238を掲載している。しかしロールシャッハ・プロトコールや阪大法スコアをひとつの事例で示すことは，かえって中途半端な理解となる恐れがある。本書「Ⅰ．はじめに」に示すように「被検者はスコアされた結果を，あるいは結果で生きるのではなくて，スコアに結果するプロセスを生きている。」のであるから，《事例AM》本文記載ページも参照し，スコアに結果するプロセスを考えつつ事例理解をしていくことが重要である。

　1957年に創設された関西ロールシャッハ研究会の歴史については「これからのロールシャッハ」[4)]に記されているが，多くの人の協力と理解とがあって，関西ロールシャッハ研究会の運営は成り立っている。2018年に創立61周年を迎え，現在，第33回講座を開講し，自由クラス（習講生による事例検討会）は433回を数える。大阪大学大学院医学系研究科精神医学教室の歴代の教授である，西村健教授，武田雅俊教授，現在の池田学教授および精神病理・精神療法研究室の小笠原將之精神科医，川口裕子臨床心理士，松本恵臨床心理士をはじめ，関西ロールシャッハ研究会運営委員の皆様のご理解とお力添えに深謝したい。

　『ロールシャッハ・スコアリング──阪大法マニュアル』は幸い版を重ねることができたが，数年前から基礎形体水準判定基準表 p.90以降の段組のズレの指摘を受けていた。この度，松村眞美臨床心理士の献身的援助を得て修正し，資料の［F＋例］の修正も加え，さらに利便性を考慮し索引も新設した改訂版を出版する。本改訂版の出版に際しては，金子書房編集部長の井上誠氏の多大のご理解とご援助があってこそ可能になった。心よりお礼を述べる次第である。

　　2018年3月

辻　　悟
福永知子

目　次

改訂版の刊行にあたって　　*i*

I．はじめに ───────────────── *1*

1．反応とは ………………………………………… *1*
  (1) 広義の反応　*1*
  (2) 狭義の反応　*1*
2．スコアとは ……………………………………… *1*
3．スコアの手順 …………………………………… *2*

II．反応領域　Location ───────────── *3*

1．全体反応　Whole response ………………… *4*
  (1) W　*4*
  (2) Wの特殊型　*4*
2．部分反応　Detail response ………………… *6*
  (1) 普通部分反応　usual detail　*6*
  (2) 普通でない部分反応　unusual detail　*7*
3．空白反応　Space response ………………… *7*
  (1) 空白反応の分類　*8*
  (2) 空白反応のスコア手続き　*8*
4．Do と CD ………………………………………… *9*
  (1) Do　*9*
  (2) OD　*10*

III．反応決定因　Determinant ───────── *11*

1．形体反応　Form response …………………… *12*
  (1) 図形から取り出し得る輪郭の形体条件　*12*

  (2) 図版・図形から取り出し得る構造条件　*13*
  (3) 形体反応のスコア　*14*
 2．(広義) 色彩反応　Color (in a broad sense) response ……… *14*
  (1) 色彩反応（狭義）　*14*
  (2) 広義の色彩反応として加わるもの　*16*
 3．運動反応　Movement response ……………………… *18*
  (1) 運動反応の分類　*18*
  (2) M, FM の特殊型　*18*
  (3) 運動反応スコアの留意事項　*19*
  (4) 被検者の表現とスコア手続き　*19*
 4．結合反応のスコアと合成スコア ……………………… *20*

IV．形体水準　Form Level ——— *22*

 1．基礎形体水準　Basic Form Level (BFL) ……………… *24*
  (1) 基礎概念と基礎形体条件　*24*
  (2) 基礎形体条件の明確化　*25*
  (3) 反応概念の基礎形体条件によるクラス分類　*25*
  (4) ［資料］基礎形体水準判定基準表の補足説明　*27*
  (5) 基礎形体水準のスコア手続き　*27*
 2．反応の結合　Organization ……………………… *30*
  (1) 反応概念の独立性　*31*
  (2) 結合反応のスコア手続き　*31*
 3．特殊要素の評定　Specification ……………………… *32*
  (1) 評定ランク　*32*
  (2) 特殊要素の種類　*32*
  (3) 代表的な Sp.− の条件　*33*
 4．評点法　Rating ……………………… *34*

V．反応内容　Content ——— *36*

 1．反応内容のスコアについて ……………………… *36*
 2．主な反応内容 ……………………… *37*

(1) 動物反応　Animal response　*37*
　　　(2) 人間反応　Human response　*37*
　　　(3) 人間と動物とが関連する反応内容　*38*
　　　(4) 植物反応　Plant (Botany) response　*38*
　　　(5) 生命体関連反応　*38*
　　　(6) 不定形体の反応内容について　*39*
　　3．その他の反応内容 ………………………………………… *40*

VI. 文章型　Sentence Type ──── *41*

VII. カードごとの整理 ──── *44*

VIII. 記録表　Scoring Table ──── *45*

IX. 事例とスコア例 ──── *50*

X. 実　施　法 ──── *53*

　1．実施に際しての準備 …………………………………… *53*
　　　(1) 準備するもの　*53*
　　　(2) 場所空間　*53*
　　　(3) 実施前の配慮　*53*
　2．テストの実施 ……………………………………………… *53*
　　　(1) テストの進め方の説明　Instruction　*53*
　　　(2) 実施段階　Performance proper, Test proper　*54*
　　　(3) 質疑段階　Inquiry　*55*
　　　(4) 限界吟味段階　Testing the Limits　*56*
　3．記載事項 …………………………………………………… *56*
　　　(1) テスト状況　*56*

(2)　実施段階と質疑段階において必ず記録すべき事項　　*56*

　(3)　できるだけ記録すべき事項　　*56*

【資　料】―――――――――――――――――――――*59*

　領域指定図・D, d 番号・F＋例 ……………………………… *60*

　基礎形体水準判定基準表 ……………………………………… *80*

引用文献　*96*

索　　引　*97*

I．はじめに

> 被検者はスコアされた結果を，あるいは結果で生きるのではなくて，スコアに結果するプロセスを生きている。

　Rorschach, H.[10]は「各反応の本質的な因子は，標識化によって最も容易に総括できる」と述べている。一般にスコアと呼ばれている標識化とは，反応の本質的因子を抽出し分類する作業である。

1．反応とは

⑴　広義の反応
　ロールシャッハ課題から引き起こされた，被検者のすべての反応である。この広義の反応のすべてを記録することはできないが，検査者は印象に残ったことは記憶し，記録しておく必要がある。

⑵　狭義の反応
　通常『反応』といわれるものである。被検者は「漠然図形が何に見えるか」と問われ，外界の図形に触発されて，被検者の内面にいくつかの像が浮かぶ。被検者は内面に生じた像のどれかを選び，その像と図形とを再び照合した上で，自身の反応として決定し表現するプロセスがある。これが狭義の反応であり，以下の法則がある。
① 他の反応とは分離して，ひとつの独立した反応となっている。
② 認知像の図版での位置は確定している。部位がぐらついたり移動したりはしない。
③ 継時的に表現されることはなく，まとまりがあって，時間的に連続して表現される。
④ 反応として決定され表現された時点で，認知像は全貌的にとらえられている。部分が表現される場合は，その認知像の成立にとって重要な部分が挙げられる。認知像の全体とその全体に含まれる部分との関係も確定している。

2．スコアとは

> 正確なスコアは精密な解釈によって仕上げられる。

　狭義の反応は，検査者にとってもひとつの独立した反応として見分けがつき，容易にスコアにとりかかることができる。しかし実際には，スコアの難しいプロトコルに出会うことがある。このような場合は，それが被検者の反応そのものであることを心得ておくことが重要である。スコアの困難をもたらしている事情を考察することが，そのままプロトコルの重要な解釈作業になる。すなわち，スコアが難しいと感じる場合には，狭義の反

応の①〜④の法則のいずれかが成立していない可能性が高く，そのどれに問題が生じているかを見出すことが，そのまま解釈に役立つのである。

　また，ひとつの反応のスコアに対して決定に迷う場合は，その他の反応やプロトコール全体に目を向けて考えることも必要になってくる。

　重要なことは，ひとつひとつの反応のスコアよりもプロトコール全体を通しての統合的理解であり，被検者の反応を跡づけ（追体験）することによって，被検者を理解することが最終目的となる。

3．スコアの手順

> 第一段階［プロトコールから直接スコアするカテゴリー］
> 　　第Ⅰカテゴリー：カードごとの整理
> 　　第Ⅱカテゴリー：反応領域（Location）
> 　　第Ⅲカテゴリー：反応決定因（Determinant）
> 　　第Ⅳカテゴリー：形体水準（Form Level）
> 　　第Ⅴカテゴリー：反応内容（Content）
> 　　第Ⅵカテゴリー：文章型（Sentence Type）
> 第二段階［プロトコールからの直接のスコアが済んでからの整理］

　スコアの手順は，プロトコールから直接スコアする第一段階と，プロトコールからの直接のスコアが済んでからの整理の第二段階とに大別される。

　第一段階は6個のカテゴリーに分類される。第Ⅰカテゴリーではカードごとの整理をし，第Ⅱカテゴリーから第Ⅵカテゴリーまではひとつひとつの反応ごとにスコアリングする。

　スコアリングは，第Ⅱカテゴリーから第Ⅵカテゴリーの各反応ごとのスコアからとりかかり，ついで第Ⅰカテゴリーとなり，これらのプロトコールからの直接のスコアが済んでから，最後に第二段階の整理という順序になる。

II. 反応領域 Location

反応の種類	標識
全体反応 Whole response	W
［W の特殊型］W, WS, (W), DW, D′W, DoW	
部分反応 Detail response	
普通部分反応　usual detail	
下位の全体となる普通部分反応	
（普通大部分反応） large usual detail	D
［D の特殊型］D, DS, (D), dD, d′D, DoD	
目につきやすい普通部分反応	
（普通小部分反応） small usual detail	d
普通でない部分反応　unusual detail	Dd
まれな部分　rare detail	dr
辺縁部分　edge detail	de
微小な部分　tiny detail	dd
内部部分　inside detail	di

＊ ロケーション・スコアリングは，W, D, d, Dd(dr, de, dd, di) のいずれかに分類する。

空白反応 Space response	S
空白の輪郭反応　Space-contour	Sc
囲まれた空白反応　surrounded Space	Ss
空白の白色反応　Space-white	Sw
背景としての空白反応　Background-space	Sb
空白による無条件反応　Space-freedom	Sf
無分化の空白反応　undifferentiated Space	Su

Do と OD

＊ S および Do と OD はスコアに際して，特別の処理手続きをする。

「これが何に見えますか？」と，たとえば急須の写真を示され，質問された場合，誰もが全体像でとらえて「急須」と答える。部分像の「取っ手」とか「ふた」という答えはまず返ってこない。そのものが何であるかは，その全体によって決定されるのであり，その部分によって決定されるのではない。たとえとした「急須」は構成度が高く，何であるかがはっきりとしていて，規定力は高い。しかしロールシャッハ・テストで提示されるのは漠然図形であるから，被検者の認知を規定する図形の力が低下し，被検者が図形の全体像以外によって意味づけをする可能性が生じてくる。このように媒体である図形の規定力が低下している中での，領域選択の跡づけが被検者の特性を明らかにする。ロケーション・スコアリング（第Ⅱカテゴリー）はその跡づけのためのスコアである。

1．全体反応　Whole response

⑴　W
【例】Ⅰカード：コウモリ．こことここが羽で［$D_3 \times 2$］，ここが胴体［D_1］．　W

全体を用いていることを見極めて，Wとスコアすることは，通常あまり難しいことではない。

そのものの全体は常にひとつであり，全体という領域もひとつである。しかし，一枚の図版で一人の被検者がする全体反応がひとつと必ずしも限らないのは，図形の規定力が低下しているために，同じ図形に複数の着想を持ち得るからである。

⑵　Wの特殊型
反応に際して，被検者は図版の「どこかと何か」を用いて，「どこかと何か」を用いていない。部分反応の場合は，なんらかの性質に従って全体を分割し部分化したもので，それ自体すでに選択性が入ってきている。一方，図形全体を用いていることだけで分類されている全体反応には，そのような選択性がないので特殊型が多くなっている。

① 　W　cut-off whole response, incomplete whole response
【例】Ⅳカード：大男に見えます．［D_1を除いて］　W
【例】Ⅵカード：バイオリン．［$d_1 \times 2$を除いて］　W
【例】Ⅲカード：人が二人，荷物を持ち上げています．［墨色全体］　W＊

ほぼWと同じとみなし得るが，少しの部分が除外されている場合にスコアする。

厳密には，除外よりもW産出の力が大きいと思われる場合がWに適合している。逆に，除外の力の方が大きければ大きいほど，部分反応の性質を担うことになる。しかし，実際にはいずれの力が大きいかを見極めにくい場合も多い。Wをスコアした場合は，程度の差こそあれ，W産出の力と除外の力との両機制がかかわっていると心得るべきであろう。

＊　Ⅲカードの赤色と墨色とは一目瞭然に分離されているので，被検者自身が墨色部分を分離するという機制が軽く，それよりも墨色全体を同じ墨色であることによって用いる機制の方が重みを増すことになるので，阪大法スコアリングではWとしている。なおⅡカードの場合は赤色と墨色とが重なり合う部分があり，それ以外にも2色のからみ合いを示唆する部分が多い。Ⅱカードでの墨色全体を用いた反応は，その墨色部分［D_1］を被検者自身が分離するという機制が重みを持っているのでDとする。

② WS
　【例】Ⅰカード：動物の顔に見えます．（質疑）これとこれが耳で［$d_2×2$］，これが［内部の上部 space］，目，口［内部の下部 space］，顔の輪郭［W］．　WSs
　【例】Ⅶカード：島で［墨色全体］，これ海［背景の空白］．　WSb

空白部分をともなう全体反応である．空白部位の用い方に従って，空白反応の分類もする．（⇨8ページ）

③ （W）
　【例】Ⅱカード：山．（質疑）〈全体の外部を大まかに山状になぞる〉　（W）
　【例】いずれのカードでも：目，鼻，口などの顔面の内部造作で決定され，輪郭が考慮されていない正面像の顔．（W）

全体を用いた反応と考えられるが，領域の限界を問題にしていないか，図形ならびに概念像全体の輪郭に意を払っていない反応で，図形の内部造作によって反応が決定される傾向がある．（⇨13ページ）

④ DW
　【例】Ⅵカード：猫．〈質疑〉全体［W］，これが［d_6，D_3］，髭に見えるから．　DW

Rorschach が作話性全体反応 konfabulatorische Ganzantwort DG としたものである．一部は明瞭に形体がとらえられているが，他の相当広い部分の形体特性は考慮されないままに，明瞭にとらえた部分を部分とする全体概念を反応概念としている全体反応である．部分決まりの全体反応であり，ひとつの反応概念の中で明瞭に見ている部分とそうでない部分があり，認知条件が均質でない．全体像が支配性や主導性を確立していない全体反応である．

　＊　BFL は F－ となる．

⑤ D'W
　【例】Ⅵカード：トンボ．（質疑）「どうなってる？」〈全体を指す〉「どうして？」これが［D_1］，トンボ．　D'W

図形の部分にみた反応概念を，そのまま図形全体に当てはめた反応である．部分にみた形象と全体とが混乱している．全体像の支配性や主導性が確立していない全体反応である．幼稚園以下の年齢でみられることがある．

　＊　BFL は F－ となる．

⑥ DoW
　【例】Ⅰカード：〈それぞれに該当するような部位を指しながら〉これ目，これ鼻，これ口，これ耳…　DoW
　【例】Ⅴカード：〈それぞれに該当するような部位を指しながら〉コウモリの頭，コウモリの羽，コウモリの足…　DoW

図形の全体によりかかって，図形全体に対応する全体概念（人間や動物の場合が多い）を提示することなく，個々の部分概念を大体それに該当する領域に順次羅列する反応である．全体像の支配性や主導性は確立しておらず，全体と部分との関係が未だ認識されていない．幼稚園以下の年齢でみられる．なお個々の部分は Do とスコアする．（⇨9ページ）

　＊　BFL は，指摘された部位が解剖学的に矛盾していない場合は Fpm，矛盾している場合は F－ とする．

2．部分反応　Detail response

⑴　普通部分反応　usual detail

　使用される頻度の高い部分領域を用いた反応である．領域の使用される頻度の高さは，図形の構造的な形体特性によって決まってくる．したがって［資料］の普通部分反応の領域指定図に示したように，各カードで普通部分反応の部位を定めることができる．

　阪大法のロケーション番号は児童の，そのカードでの反応総数に対する百分比で示す出現頻度順に拠っている．[2),17)] 成人（339名）と児童（584名）とを対比させると，児童の d の出現頻度順位がやや上昇する傾向を示しているが，D と d とを合せた普通部分は成人群も児童群もほぼ同じ頻度である．したがって，普通でない部分 Dd も成人群と児童群とを通じて普通でない低い頻度にとどまる傾向を示している．それらの頻度を D と d とを合せた普通部分と Dd の普通でない部分との分離の目安にしている．

　図形の構造的な形体特性の違いによって，普通部分反応は，
　　D：下位の全体となる部分反応（普通大部分反応 large usual detail response）と
　　d：目につきやすい部分反応（普通小部分反応 small usual detail response）
とに分かれる．なお Rorschach は，D は普通部分反応を意味するものとして用いていて，d は用いていない．D と d とを区別したのは Klopfer, B.[6)] である．

① D

　【例】Ⅷカード：ここが［D_1］，動物に見える．　D

　D は「島」にたとえられる形状であり，輪郭上の任意の点を出発点として輪郭をたどると出発点に帰着する．それ自体，下位の全体 sub-whole としての性質を持っている．自然に分割されやすい形体性を持っているので，使用される頻度が高い部分領域を用いた反応である．領域数・反応としての出現頻度・重要度，いずれの面でも代表的な部分反応である．

［D の特殊型］

　D が sub-whole としての性質を持つ以上，全体反応の特殊型と同じ機制による反応が生じ得る．しかし D の特殊型は，全体反応の場合と比べると出現頻度は低い．

　W の特殊型の W̌, WS, (W), DW, D'W, DoW に対応して，
　D の特殊型は Ď, DS, (D), dD, d'D, DoD となる．

　【例】Ⅷカード：相撲する時の構えているような．（質疑）手ついているような［D_4 下部の D_7 に向かう小突起］．構えているよう．［D_4］　dD

　【例】Ⅱカード：ロケットが［中央 space］飛んでいく感じ，黒いところが［D_1］，煙．　(DSc)*

　　＊　反応領域は D_1 で，中央 space の輪郭形体も用いているので DSc となる．墨色部分［D_1］は煙で，その外輪郭は煙の中に埋没して問われなくなっている．赤色部も煙に埋没して問題にされていないと考えられるが，赤色部に言及がないので (D) である．(DSc) の標識は，DSc と (D) の合成スコアで，二つの認知の機制が，重なり合っていることを示している．このようにひとつの反応で認知の機制が重なり合う場合には，標識は合理性を失わない範囲で適宜組み合わせてスコアする．（⇒13, 20ページ）

② d
　【例】Ⅱカード：ここが[d_1]，ペン先に見える．　d
　たとえばⅠカードで$D_3+D_1+D_3=W$というように，Dは各カードでそのいくつかを集めるとWとなる。それに対して，dはいくつ集めてもWとなることはない。dは，Dの特殊な分割によって成立している。
　[dの種類]
　ⅰ) Dに接続する部分が基底となり，半島状に突出している先端が頂点となることによって，視方向が限定されるが，突出しているため目立つ。この構造的特徴を持つdは，全d合計47個のうち36個と最も多い。
　ⅱ) 図形中央部にあって，縦軸に視方向が限定される。(Ⅱカードd_4，Ⅵカードd_5，Ⅶカードd_1，Ⅷカードd_2，Ⅹカードd_1，d_2)
　ⅲ) dの中でも特に狭い領域で，特異な形状を持っている。その特異さの故に見方が限定されやすい。(Ⅳカードd_5，Ⅵカードd_6，d_7，Ⅸカードd_5)

⑵ 普通でない部分反応　unusual detail　Dd
　普通部分反応以外の部分反応は，普通でない部分反応Ddとスコアされる。
　Rorschachが用いた標識である。KlopferはDdを認知の構造的な特殊性に従って，次のように分類している。
　① dr　rare detail
　【例】Ⅶカード：犬．（質疑）ここが[D_4]頭で，ここが[D_6]胴体．　dr
　以下のde，dd，diのいずれにも属さないDd反応にスコアする。
　② de　edge detail
　【例】Ⅰカード：地図の端っこのような．[d_6，d_7の辺縁]　de
　輪郭線だけを取り上げた反応である。
　③ dd　tiny detail
　【例】Ⅳカード：人間が背中合わせに座っているような．[D_1の下部の微小突起]　dd
　その微小さの故に，あまり注目されない領域が用いられた反応である。阪大法のddの大体の目安は，太短型ではⅥカードのd_7，細長型ではⅥカードのd_6よりも小さい場合とする。
　④ di　inside detail
　濃淡の違いによる境界が曖昧で，内部の輪郭が明瞭でない領域を指示した反応である。図形内部であっても，濃淡の違いによって境界線が形作られている場合はdiではなく，drとスコアする。

3. 空白反応　Space response　S
　図版の背景に該当する白色の領域が用いられた場合にスコアする。RorschachはDzw (Zwischen-Figuren 間隙反応)という標識を与えたが，それよりも空白反応とするほうがこの領域の構造特性を的確に表現している。

(1) 空白反応の分類[16]

① Sc　Space-contour
　【例】Ⅱカード：コマ．［中央の space］　D＝Sc
空白領域の輪郭形体を用いた反応。

② Ss　surrounded Space
　【例】Ⅰカード：動物の顔に見えます．(質疑) これとこれが耳で［$d_2 \times 2$］，これが［内部の上部 space］目，口［内部の下部 space］，顔の輪郭［W］．
　　　　　WSs
　　　　Ⅱカード：ほら穴［中央の space］，まわりが岩で［D_1］．　DSs
実質領域に囲まれて成立している空白領域は，実質部分が抜けて空白になっているとみることもできる。その性質が反応に用いられた場合。

③ Sw　Space-white
　【例】Ⅱカード：シャンデリア．(質疑) 形が，それに白いから．［中央の space］
　　　　　D＝Scw
空白領域の白色が用いられた反応。Sw は白色という色彩性に対応しているので，形体構造によって分類されている Sc・Ss・Sb と組み合わさった形でしばしば用いられる。その場合には例示のように適宜標識を組み合わせてスコアする。

④ Sb　Background-space
　【例】Ⅶカード：ここが島で［墨色部］，ここが海［space］．　WSb
空白の背景としての性質を利用した場合。原則として WSb になる。

⑤ Sf　Space-freedom
　【例】Ⅲカード：二人の人が，向かい合って話している．椅子がここにあって［D_4 外側 space］，腰掛けている．　WSf
図版の空白領域は，被検者の反応を規定する力が最も「空」になっている領域ともいえる。Sf は規定が「空」であることによって，空白領域に自由勝手に「椅子がここに」というように何かを思い描いた場合の標識である。S の構造特性を十分にとらえているとはいえないが，このような反応は実質領域には生じず，空白故に生じる反応であるという点では，空白に反応しているということができる。

⑥ Su　undifferentiated Space
　【例】Ⅵカード：白い煙と黒い煙．（WSu）
空白のどのような性質も無視されていると思われる場合。当然，実質領域の性質も分化してとらえられている可能性が低いと考えられる。

(2) 空白反応のスコア手続き

通常は背景であり，無いものとされる空白領域に対しても反応される可能性があるが，それは実質領域が主であるという構造を変えるほどのものではない。そして空白領域が選ばれる場合も，図形全体の構造の中で選ばれるのであるから，W・D・d・Dd の実質領域の領域選択で取り上げてきた問題と無関係ではあり得ない。上述の空白反応の分類スコアをして，さらに空白領域と実質領域との関係を考慮して，S のスコアは以下のように取り扱う。

Ⅱ．反応領域　Location

① 空白領域をともなう全体反応の場合

主になるのは実質領域であり，全体であることは実質領域によって決定されるのであるから，実質領域の全体に空白をともなっている場合でも，標識 W が W であることには変わりはない。空白領域をともなう全体反応の標識はすべて WS で S を分類する。

② 空白領域と部分領域

被検者の D あるいは d の普通部分反応と普通でない部分反応 Dd との分布を知ることは，プロトコールの解析に重要な意義を持ってくる。その点は空白に反応した場合でも同様であるから，空白を含めた領域が使われやすい構造的位置にあるか否かを検証しておくことが望まれる。

空白領域のうち，Ⅱカード・Ⅶカード*・Ⅸカードの3枚のカードには中央に広い空白領域がある。これらの空白領域は，

ⅰ) Sb の場合などとは異なり，分割型になる。
ⅱ) 使用される頻度が高い。
ⅲ) 境界が明瞭である。

という D とみなすべき性質を持っている。以上のことを考慮して，空白領域と部分領域とに関しては以下のように処理する。

* ⅡカードとⅨカードの S は，輪郭上の任意の点を出発点として輪郭をたどると出発点に帰着する，D と同じ「島」状の閉鎖型である。それに対してⅦカードの S の輪郭は，上部で背景の S に向かって開放型になっており，D 型とはいえないともいえる。しかし図地を逆転させて，空白部分を同じ灰色で埋めて実質領域として，灰色部を空白にした場合には，中央 S は外側を囲む領域と同一の実質として一体性を感じさせる力は強く，また中央 S に当たる部分は半島状になって独立型とはならない。それに対して，空白領域は「空」の部分が被検者に自由性を与え，中央 S を独立させる輪郭を思い描かせやすくする。したがって，Ⅶカードの中央 S もだいたいⅡカードとⅨカードの中央 S に準じる位置を与えることができる。

DS ：D に含まれる S をともなって，そのD が用いられた場合。S とそれを囲む実質領域が参加しているから，DSs が主になる。

D=S ：Ⅱカード・Ⅶカード・Ⅸカードの，いずれかのカードの中央 S が独立的に用いられた場合。実質領域の参加がないから，$D=Sc$ が主になる。

drS ：WS，DS に分類されるもの以外の，S をともなって実質領域が用いられた場合。実質領域自体がすでに dr である場合と，D と空白領域との結びつきが（Ⅱカード中央 S とその下部赤色 D_4 との場合が多い）dr となる場合とを含んでいる。drS は，その実質領域と空白領域とを用いることが dr であるということを意味している。

dr=S ：Ⅱカード・Ⅶカード・Ⅸカードの上述の D 型の中央 S 以外の S が，単独に用いられた場合。

4．Do と OD

(1) Do

Ⅲカードのポピュラー反応の人間の頭部 [d_1]，あるいは胸 [d_3] にあたる部位を取り上げて，「人間の頭」，あるいは「人間の胸」と反応した場合。この例では，その全体像と全体概念が認知されていなければ，この部位でのこの概念は成立しないと考えられるのに，

全体像ならびに全体概念には触れずに，その部分部位と部分概念だけが示されていることになる。全体像と全体概念によりかかっているにもかかわらず，全体像と全体概念の優位性の認識が確立されずに，部分認知が優位性を持っていることを示す反応である。

　ただし，Do とスコアされる場合でも，その部位が部分反応の分類のいずれに該当しているかを問い，その分類をした上でそれが Do の性格を合わせ持っていることを標識化して示す。例示は d=Do とスコアする。

* 　BFL は，指摘された部位が解剖学的に矛盾しなければ，Fpm とする。
** 　この標識は Rorschach が，oligophrene Detailantwort（精神薄弱部分反応）と命名したことに由来している。しかし Rorschach が原著ですでに記載しているように，この反応は精神発達遅滞の場合とは限らない。この反応を標識化することは，その被検者が精神発達遅滞に該当しているか否かが重要なのではなくて，ここに示した機制に支配されているか否かが重要なのである。この命名はよい命名とはいえないので採用しない。単にこのような機制を示す標識として用いる。

⑵ OD

　Do で例示した部位に，「人間」と反応した場合。全体像と全体概念の優位性の認識が確立されていないだけでなく，像の把握と概念ともに全体と部分との混乱が加わっている。幼稚園以下の年齢でみられるが，Do よりは頻度はずっと低い。Do の場合と同じように OD とスコアされる場合でも，その部位が部分反応の分類のいずれに該当しているかを問い，その分類をした上でそれが OD の性格を合わせ持っていることを標識化して示す。例示の場合は d=OD とスコアする。

III. 反応決定因 Determinant

反応の種類	標識
形体反応 Form response	F
［F の特殊型］	(F)
色彩反応（狭義） Color response	
形体色彩反応　Form-Color response	FC
色彩形体反応　Color-Form response	CF
不定形体の色彩反応　Form-indefinite Color response	C/F
純色彩反応　pure Color response	C
［色彩反応の特殊型］　F/C, F ↔ C, Csymb, Cn, Cdes	
（広義）色彩反応として加わるもの	
材質反応　Texture response	T
明暗・陰影（灰色）反応　Chiaroscuro (Gray) response	Y
通景反応　Vista response	V
単彩（黒・白）反応　Achromatic response	C′
運動反応　Movement response	
人間の運動反応　Human movement	M
類人間の運動反応　Movement of humanlike	(M)
動物の人間様運動反応　Humanoid movement of animal	FM_M
動物の運動反応　Animal movement	FM
類動物の運動反応　Movement of animallike	(FM)
［M・FM の特殊型］姿態運動反応　Postural movement	Mpost, FMpost
主体を特定できない運動反応　Creature movement	CM
無生物の運動反応　Inanimate movement	m

*　広義色彩反応は F との関係について，狭義色彩反応と同様のスコア手続きをする。
**　m はその反応の反応決定因に m を付加するスコア手続きをする。

デターミナント・スコアリング（第Ⅲカテゴリー）とは図版材料の「何を，どのように用いたか」を跡づけることである。用いることのできる材料は，ロールシャッハ図版には『広義の形体性（図形の構造と輪郭）と広義の色彩性』しかない。標識は以下のように抽出分類される。

1．形体反応　Form response

　「何に見えるか」というロールシャッハ・テストの質問に適した答は，具象的事物である。具象的事物は一定の空間を占有して存在し，そのものと空間との境目，つまりその輪郭形体によって，そのものであって他のものではないことが最もよく明示される。このことが，Rorschach が観察した「偶然図形の形体のみによって決定される意味づけは，全般的にみた場合だけでなく，たいていの場合個々の検査においても，意味づけの多数を占める」という事態が生じる理由である。

表1　形体質の分類

図形から取り出し得る 輪郭の形体条件	図版・図形から取り出し得る 構造条件
①　定型識別形体 ②　単純形体 ③　不定形体 ④　無形体	①　大域的構造 ②　その他の特定の構造性 　　1）位置反応 　　2）Sb 　　3）Ss と Sf 　　4）分散
［輪郭形体機能の不活性］	③　内部構造・内部形体の活性化

(1)　図形から取り出し得る輪郭の形体条件（表1）
①　識別的輪郭形体　Form-definite
　「そのものが他のものではなく，そのものである」と決定できることを『識別性』とすると，具象的事物の識別性はその輪郭に最もよく示される。この輪郭の性質を『定型識別的な形体性』とする。ロールシャッハ図版は漠然図形であるから定型識別性が低下してはいるが，反応としては具象的事物が適していることもあって，形体の中でもこの識別的輪郭形体が，数の上からも質の上からも最も重要である。
②　識別的輪郭形体以外の輪郭形体　Form-indefinite
　ロールシャッハ・テストでは，たとえば「（赤いから）火」というように，形体以外の要因での認知や形象化しにくい無形体の抽象概念の反応も示される。また具象的事物には，たとえば「電線」のような単純形体や「煙」のような不定形体の輪郭のものもある。そして輪郭形体よりも次に述べる図形の構造性の要因で認知される反応もある。

　＊　各反応例は［資料］の「基礎形体水準判定基準表」（⇒80ページ～）の「基礎概念」欄を参照。

III. 反応決定因　Determinant

⑵　図版・図形から取り出し得る構造条件（表１）
① 　大域的構造　Gross-structure
発達初期の未熟な全体反応として，Dworetzki, G.[7]は以下のものを挙げている。
 1) 　ブロットを背景上の単なる形象としてとらえた最も未熟なもの。最初のカードで出まかせに反応して，それが保続したものが代表的。
 2) 　灰色の陰影が漠然とした意味づけを引き出したような反応。
 3) 　ブロットの全般的な形状が「丸」とか「腕輪」というように，おおまかで大域的にとらえられた反応。
 4) 　DW と D'W に該当するもの。
 1), 2) は外輪郭形体がほとんど機能せず，ブロットは「そこに何かがある」という構造として機能しているだけである。3) は各ブロットがその個別性をあらわす程度には規定力を示してはいるが，なおおおまかな構造でとらえられている。
　まずこの大域的な構造によって認知は成立し，それを基礎にしながら，発達にともなって外輪郭の識別的形体による認知への方向となる。
② 　大域的構造以外の特定の構造性
この特定の構造性においても大域的な構造性が下支えをしている。
 1) 　位置反応　position response　Po
　【例】Ⅷカード：北極と南極．（質疑）こちらが［上］北で，こちらが［下］南．
　例示のように，図版全体を地球をあらわす地図になぞらえ，「上下」の構造によって，上を北，下を南と意味づけるような反応。外輪郭の識別性は全く関係がない。
 2) 　Sb
　背景として存在しているという空白領域の構造性を用いたもの。背景部分が前景化しているので，実質領域の識別性は低下し，通常，不定形体となる。
 3) 　Ss と Sf
　Ss は，「洞穴」「トンネル」のように実質領域が抜けて空白であるという構造性に反応している。Ss が識別的形体の実質領域の一部分である場合は別であるが，Ss がその反応の中核である場合は実質領域とともに反応概念全体は不定形体となることが多い。
　Sf はそれ自体はほとんど構造性を持たない。しかし実質領域では Sf のような反応は出現しないので，空白領域の何の規定性もないという構造性によって成立しているといえる。
 4) 　分　散
　【例】Ⅹカード：花火．
　【例】Ⅹカード：虫の音楽祭．
　数多くの D の分散構造による認知である。Ⅹカードは多くの D から成り立っているので，このカードでみられる。
③ 　内部構造・内部形体の活性化
　【例】（目，鼻，口などの顔面の内部造作のみ説明の正面像の）顔．（W）
　【例】Ⅱカード：ロケットが［中央 space］飛んでいく感じ，黒いところが煙．
　　　　（DSc）
　（W）の例は顔面の内部造作で決定され，（DSc）の例はⅡカードの輻輳条件を回避して中央 S に識別形体で反応しながら，それを分離することができないで周囲の煙の中に埋

没させている。いずれも反応全体の外輪郭形体はほとんど機能しておらず，そのことを（ ）標識に反映させている。このように認知に際して，図形中央の内部構造や内部形体が活性化していると，外輪郭形体の機能が不活性化していることが多い。(⇒5，6ページ)

(3) 形体反応のスコア

> 表1の「形体質の分類」に示す条件が用いられ，それらのみによって決定された反応は形体反応　F　とスコアする。

なお，不定形体と単純形体，特に不定形体の場合は外輪郭形体以外の条件が認知に参加していることが多い。認知に参加している形体以外の条件が広義色彩性の場合，その反応は形体反応ではなくなる。(運動反応については⇒19ページ)
[Fの特殊型]（F）
認知の中核が，図版・図形から取り出し得る構造条件の場合は，その構造性以外の図形条件を分離して抽出する能力が不足している可能性が高い。そのような場合は（F）とスコアする。なおロケーション・スコアは原則的には（W）となる。

2．(広義) 色彩反応　Color (in a broad sense) response

図版の一定の色調が『地（じ）』を構成している。「地」はそれ自体が表出であり，色彩といわれるものである。単に「色彩」といえば自然の状態の天然の色のことであるが，次に述べる広義色彩と区別する時には，これを「狭義色彩」とする。狭義色彩はよく目立つ性質を持つとともに，赤は赤，黄は黄の固有の色で受け止められ，用いられることが多い。固有の色として受け止められた色彩を「固有の色彩性 Color proper」と表現しておく。

また図版には「墨色」系を「地」とする領域もある。この「地」は，固有の色彩性以外の『質』の表出という側面をも持っている。(⇒16ページ) これらを合わせたものを広義色彩性とする。

(1) 色彩反応（狭義）
固有の色彩性はそれぞれの色という色の違いはあるが，色彩反応のスコアでは，用いた色の違いは問わない。「固有の色彩性 Color proper」で色彩が用いられたか否かを重視する。固有の色彩性が用いられた狭義の色彩反応にはCの標識を与える。
① 色彩反応の分類
純粋に色彩だけを用いた反応は極めてまれである。何らかの形で広義形体性が関与しているので，色彩反応は形体との関係を主にして分類する。
　1) 形体色彩反応　Form-Color response　FC
　　ひとつの反応概念に識別形体と色彩とが用いられた反応で，形体が第一義的に重要な位置にあるもの。
　2) 色彩形体反応　Color-Form response　CF
　　FCと同様に形体と色彩とが用いられた反応で，色彩が第一義的な位置にあるもの。

Ⅲ．反応決定因　Determinant

形体は一部分，単純形体となる場合もあるが，おおむね識別形体である。
3） **不定形体の色彩反応**　Form-indefinite Color response　**C/F**
不定形体が関与する色彩を用いた反応である。
4） **純色彩反応**　pure Color response　**C**
色彩のみを用いた反応。

＊　Rorschach は形体質として不定形体を取り上げていないので，色彩反応の分類では3）のC/F はない。そして，FC・CF・Cの区別が重要であると指摘している。C（純色彩反応）の区別は最も容易であり，形体反応とFC・CFとは，「図形が黒かったとしても（「色がついていなかったとしても」の質問の方がよい），そう見えたでしょうか？」と質問することで容易に区別できるとしている。しかし，この質問は厳密に考えれば，後から被検者をその点へ注意を向けるように導いている側面があり，実施段階での認知を正確に反映しているとは必ずしも言えず，参考にする程度の質疑方法と心得ておく方がよい。FC と CF との区別は，必ずしも疑問の余地なしとはしないとも述べている。

② **FCとCFの区別の手がかり**
1）　Rorschach の示唆
ⓐ　被検者自身の表現
　当然の示唆である。被検者の表現を検討することを推し進めるとプロトコールの解釈になるので，ここにも正確なスコアは精密な解釈によって可能となる法則が示されている。（⇒1ページ）
ⓑ　被検者のそれ以外の反応との比較
　色彩をともなう反応の形体水準が，色彩をともなわない反応の形体水準に比較して悪い場合，またプロトコールにその他の反応としてC（純色彩反応）がある場合は，CFと考えられると示唆している。つまり，ひとつひとつの反応のスコアに際しても，その他の反応やプロトコール全体に目を向けて考えることが重要であると示唆していることになり，ⓐとともにスコアに際しての大切な心得である。
ⓒ　反応の，頻度に基づく統計的処理
　彼はこの統計処理を今後のこととしているが，現在においても彼の期待を満足させる結果は得ていない。しかし，次の2）は一定の領域への集中度という，頻度を手がかりにしているという点で統計的といえるかもしれない。
2）　FCか CFかの認定には，そのF（形体）の性質が重要な手がかりとなる。そして形体の性質の認定には図形の一定の領域への集中度が大切である。
【例】Xカード：ライオン．[D_5]　FC
「基礎形体水準」のⅤクラス（識別的形体によって決定される）概念で，形体のみによって成立するもの，たとえば「動物（＝四足獣）」で，F+になるとともに，それにふさわしい色彩領域にそういう色彩の動物と特定化された場合はFCとする。
【例】Ⅱカード：爆発．[D_4]　CF・m
識別的輪郭形体以外の輪郭形体（⇒12ページ）で例示したように，形体とは無関係の「火」も，また最も多い不定形体の「火炎」も赤いブロットであればどこででも成立する。しかし分類としては「火」に属する「爆発」の場合，ⅡカードのD_4やⅨカードのD_1の領域に集中して出現する。この集中性は，認知に際して形体が識別性を帯びて加わっていることを示している。
　「火」に関連する反応の成立では色彩が第一義であり，色彩と形体との関連はC～C/F

〜CFと分布する。このように色彩が第一義である反応概念では，識別的な形体が参加した場合でも，FCとはならずCFである。

　3）【例】Ⅷカード：花．[D_2]　CF
　　　【例】Ⅷカード：ツツジの花．[D_2]　FC

単に「花」はCF，たとえば「ツツジの花」と特定化した場合はFCとするという考え方も参考になる。反応概念の特定度を高めようとする機制は，Fの識別機能を高めることと連関する可能性が考えられるからである。

　③　色彩反応の特殊型

色彩が固有の色彩性で用いられない場合がある。「色彩反応の特殊型」ということができる。識別形体と固有の色彩性との複合認知は生じていない。

　1）　**F/C**　不特定色彩をともなう形体反応　Color-unspecified Form response
　　【例】Ⅹカード：昆虫の標本．（質疑）バッタ[D_{12}]，コオロギ[D_8]，蝶[D_7]など，いろいろ一杯．　F/C

いろいろの色彩がいろいろの種類のものが存在すると認知することに用いられている場合。多種類の色彩が散逸しているⅩカードでみられる場合が多い。この例のようにⅤクラスの形体認知が混在している場合，F/Cとする。

なおⅢクラス以下の不定形体認知の「解剖図」の場合は，C/Fとスコアする。

　2）　**F↔C**　不自然色彩反応　Forced Color response
　　【例】Ⅸカード：緑色の猿．（質疑）ここが[D_2]猿の格好してるし，ここが[D_2]緑色だから緑色の猿．F↔C

そのものの固有の色彩性でなく，その図形の色彩を結びつけたもの。図版がそういう色彩であっても，認知した概念にとってその色彩が不合理であれば，その不合理さを認知して，反応概念を捨てるかその色彩をはずすかの選択決断が必要である。その責任対応が欠け，図版の示すままに結びつけた不都合な反応である。（⇒33ページ）

　＊　この標識を提唱したKlopferはC↔Fも示しているが，色彩が第一義的で，その色彩が固有の色彩性である概念とは異なるものを思いつくということはまずあり得ないので，阪大法スコアではC↔Fは採用しない。

　3）　**Csymb**　象徴的色彩反応　Color symbolism
　　【例】Ⅷカード：平和．（質疑）この色，全体が平和をあらわしている．　Csymb

象徴的な意味づけのために色彩を用いた場合。

　4）　**Cn**　色彩命名　Color naming
　　【例】Ⅹカード：赤[D_6]．青[D_1]．黄[D_5]．　Cn

色彩の名称をいった場合。反応か否かは疑問である。

　5）　**Cdes**　色彩記述　Color description
　　【例】Ⅹカード：ここは赤が薄くなっている[D_6]．ここが赤と青が重なっている[D_6]．　Cdes

色彩の状態を叙述した場合。これも反応か否かは疑問である。

⑵　広義の色彩反応として加わるもの

Rorschachは"Psychodiagnostik"では，狭義色彩以外は取り上げていない。死後に残していた事例解析をOberholzer, E.が整理して発表した論文[11]で，Rorschachが明暗・

III. 反応決定因 Determinant

陰影の因子をドイツ語記号（Fb）として取り上げていたことが判明している。

「墨色」系を『地』とする部位の「墨色～灰色」は，固有の色彩性が目立ちにくいために固有の色彩性が消去され，明暗・陰影の性質や手で触れれば感じ取ることができる『質』の表出として受け止められる可能性を持っている。一方，また「墨色」系は「黒」という固有の色彩性で用いられることがあり，空白部の「白」を用いた場合と合わせて，狭義色彩とは異なった色彩系列をつくっている。これらの色彩と狭義の色彩を加えて広義の色彩性とし，それは『地・質の表出』とまとめることができる。

白黒の写真で具体的な情景を表現できることでわかるように，「墨色」系の因子は複雑で微妙なニュアンスを持っている。Rorschach 以後，「墨色」系の領域に関して種々の因子が抽出され分離されて，研究者による標識もばらつきが大きい。また「墨色」系の因子を用いた反応の頻度は目立ちにくいために低いので，その意義を実証する資料が乏しい。この因子の意義の確実度や安定度は低いといえる。阪大法スコアでは簡素化して，Beck, S. J.[1]の標識を借り，臨床的に遭遇し，その意義も安定してとらえ得ると思われる「材質因子 T」と「通景因子 V」とを分離し，残りを Y としてまとめている。

① 材質反応　Texture response　T
　【例】VIカード：毛皮．（質疑）ふさふさした感じ，手足はわからない．　TF
布地や毛皮の肌触りのように手で触れれば感じ取ることができる質を，被検者が「地・質」の中に感じ取っている場合にスコアする。通常は固有の色彩性が消えていると受け取められやすい「墨色」系の「地」でとらえられる。しかし次のように天然の色の領域でも，触れれば感じ取ることができる感触を感知している場合がある。
　【例】IXカード：綿菓子．（質疑）ピンク色のフワフワした綿菓子 [D_7]．　TCF
　　＊ TCF は TF と CF の合成スコアである。（⇒20ページ）ただしピンク色を指摘せずに，フワッとした T 因子のみで反応した場合には CasTF と区別しておく。

② 通景反応　Vista response　V
　【例】IIカード：奥の方に塔が立っている．（質疑）塔 [d_1] で，両側はそこまでの壁 [d_1 を中心とする墨色部の dr]．　FV
　【例】IVカード：下から見上げた大男．　FV
　【例】IXカード：奥の方に建物の窓があるみたい [D_5, d_5]．　VF
　【例】IXカード：森の奥にお城が見える．（質疑）森 [$D_2 \times 2$]，お城 [D_5]．
　　　　　　　[F×C/F] V（⇒20ページ）

2次元の図版に3次元の知覚を投影した場合。通常は「墨色」系の「地・質の表出」に影響されて出現するが，狭義色彩系にも生じ得る。

左右対称という図形構造から「水面に映っている」「鏡に映っている」と意味づけた反応の場合は（reflex）の注釈をつけるにとどめる。

③ 明暗・陰影（灰色）反応　Chiaroscuro (Gray) response　Y
　【例】Iカード：足が，透けて見える [D_4]．　FY
「墨色」系の因子から「材質因子 T」と「通景因子 V」とを分離し，残りを Y とスコアする。固有の色彩として「灰色」を用いた場合，例示のような transparency，「レントゲン写真」「煙」などの diffusion が代表的である。

④ 単彩（黒・白）反応　Achromatic response　C′
　【例】Iカード：コウモリ．黒いから．FC′
黒色あるいは白色を固有の色彩として用いた場合。
⑤ Fとの関係についてのスコア手続き
　広義色彩も「地・質の表出」であるから，狭義色彩の場合と同様に形体との複合が問題になる。狭義色彩の場合と同じように形体Fとの関係を処理しておくことが必要である。
　Vは前景部分と後景部分との間にはっきりした相面の違いが必要であるから，形体が不定形体のV/Fになることは少ない。

3．運動反応　Movement response

　Rorschachは「運動反応は形体知覚に加えるに運動感覚の流入によって決定される，そういう判断である」と定義している。静止図形である図版には運動はないので，この運動感覚は被検者の内面に準備されたものである。Rorschachはまた，「運動感覚は人間像がみられた場合，その他，人間様の運動をともなった動物（熊，猿）がみられた場合にのみ，問題にあがるのが原則である」としている。ここでは運動主体と運動の様態とが問題にされている。運動反応では独立体として動く運動主体が認知されるのが普通である。したがって識別形体による形体知覚が原則である。現在では運動の主体と様態については多くの研究者によって，Rorschachよりもとらえ方が広げられている。阪大法スコアでは運動反応をつぎのように，運動主体を重視した分類のスコアをしている。

(1)　運動反応の分類
　1)　M　人間の運動反応　Human movement
　　　(M)　類人間の運動反応　Movement of humanlike（⇒38ページ）
　2)　FM$_M$　動物の人間様運動反応　Humanoid movement of animal
　　　FM　動物の運動反応　Animal movement
　　　(FM)　類動物の運動反応　Movement of animallike（⇒38ページ）
　3)　CM　主体を特定できない運動反応　Creature movement（⇒38ページ）
　　【例】IVカード：［∨］何かこう岩を裂いて立ち上がるよう．（質疑）何か［D$_1$］，立ち上がる．「岩？」残り全部．「何か？」何かわからんけど．
　　　　　　　　　CM（×F）*
　*（×F）は岩に対応しているが，機能が弱いのでCMに吸収させている。（⇒20ページ）
運動主体を明確にすることなく，人間か動物でなければ生じない運動表現があった場合。もしくは主語の欠けた述語のみの運動表現の場合。（⇒42ページ）
　4)　m　無生物の運動反応　Inanimate movement
自然現象，物理現象としての動きが表現された場合。

(2)　M, FMの特殊型
Mpost, FMpost　姿態運動反応　Postural movement
たとえば「人がもたれている」「コウモリが羽を広げている」というような，その位置

で静止した姿態の表現とも運動の表明ともとれる表現は，姿態運動として区別して表示する。

⑶　運動反応スコアの留意事項
①　運動反応に際してのF
時に例外があるがMやFMは識別形体認知に基づいて認知されるから，この形体認知のFは，MやFMに含まれているので，あらためてのFのスコアはしない。
②　mのスコア手続き
　【例】Ⅲカード：血が流れている［D_1］．　C/F・m
　【例】Ⅱカード：コマが回っている［中央space］．　F・m
mは，用いられる図版材料は識別形体とは限らない。反応に際して図形から抽出された材料をスコアして，・mを付加する。
③　内面的な動きの表現
「怒っている」「考えている」などの外形に形象化されにくい内面的な動きも，運動としてスコアする。形象化されにくい動きを投影したことは解釈上問題になるが標識上の区別は行っていない。
④　受け身の運動
自ら動くことができる主体が外部の力で動かされた表現の場合は，→M，→FMとスコアし，通常の運動反応とは区別する。
⑤　部分の運動表現
　【例】Ⅴカード：遠くの方を指さしている．（質疑）手をのばしているからそう感じた．
　　　　　　　　［d_4］　CMpost (detail)
図版に見ているものが人間や動物の部分であっても，運動表現があれば運動反応としてスコアする。姿態運動 Postural movement になりやすい。解釈上問題になるので，(detail)の注を入れておく。

⑷　被検者の表現とスコア手続き

> 運動反応は実施段階で表現された場合にのみスコアされる。

広義色彩についての言及は，実施段階でも質疑段階でも，反応認知の根拠についての表現である。たとえば「花」は，図版の形体と色彩の二つが初めから認知に参加している。初めに形体によって「花」が認知され後に色彩が付け加えられるとか，その順序が逆というようなことはない。反応認知の根拠の提示であるから，実施段階でも質疑段階ででも，色彩についての言及がなければ，広義色彩が用いられたか否かの判定が困難になることが多い。
それに対して運動表現は運動感覚の投入であって，静止図形に運動感覚を投入することの合理性は，静止図形が姿態の連続的な変化として現れる運動の瞬間断面として対応することによって成立する。したがって運動の認知は単にその主体の形体を認知しているだけでなく，主体の運動のその瞬間の姿態として認知されていることが求められる。被検者に

その特定の姿態の認知が重要であると感じ取られていれば，実施段階で表明されると考えるほうが理に適っているので，運動反応は実施段階で表現された場合にのみスコアする。実施段階で運動表現がなく質疑段階で言及された場合には，実施段階で表現されなかったことに解釈の重点を置き，認知と表現との間の継時性の問題を検討することが必要になってくる。（⇒55ページ）

　継時性という語は，Rorschachが二次性全体反応として挙げた継時性結合全体反応 sukzessiv-kombinatorishe Ganzantwort の中で用いている。運動反応では用いていない。彼はこの結合反応を「被検者は最初にいくつかの部分に意義づけをして，その後に相互に関係づける」と定義し，一次性という語は，その反応において望まれるもの，二次性という語は，その反応において問題を含んでいるものに当てはめている。そして彼は二次性運動反応として，「最初にその像の形体が，ついでその像の運動が知覚される」運動反応を挙げている。認知の時間的ずれの問題に関しては，継時性結合全体反応のそれと同じことをいっていることになる。したがって，この二次性運動反応に関しても継時性という語を用いることができる。継時性という概念に関しては，結合反応に関してはじめて用いられたくらいであるから，この「実施段階で表現された場合にのみスコアされる」という原則は，結合表現と結合反応のスコアとの関係の場合にも当てはまる。（⇒30ページ）

4．結合反応のスコアと合成スコア

① ひとつの反応に決定因の異なる二つ以上の独立概念があって結合表現がある結合反応のスコアは，原則的には独立概念ごとにスコア処理をして×で結び合わせる。
　【例】Ⅲカード：お祭りで，篝火がたかれて，二人の人が踊っている．　M×C/F・m
② 結合反応でなく，ひとつの独立概念において二つ以上の決定因がある場合，ひとつのデターミナント・スコアでまとめる。不合理でない範囲内で各々の標識の合成型を用いる。
　【例】Ⅱカード：赤い顔をした酔っ払いが二人踊っている．（MとFCとの合成）
　　　　　　　　MC
　【例】Ⅹカード：動物が集まってカーニバル．ライオン，トラたちが集まって踊っている．いろんな色があるしね．（FM_MとF/Cとの合成）　FM_M/C
　【例】Ⅱカード：洞窟［D_1］，向こうの方に出口［中央S］がある．岩がゴツゴツしている．　［T/F］V
③ 結合反応でなく，部分的付加とみなされる場合
　【例】Ⅱカード：二つ並んだ死体，血が流れている．　F with C/F・m
　例示の場合，流れている血は死体に対する独立概念ではなく，部分的付加と考えられるのでひとつにまとめている。
④ 継時性結合全体反応の場合
　【例】Ⅸカード：リンゴ，葉っぱ，柿，海の幸，山の幸，畑からできるもの全部，食べるもの，食事おいしい．（質疑）赤いリンゴ4つ［D_1］，葉が2枚［$D_2×2$］，これ柿の色［D_3］，この色混ぜ合わせたら食べ物の色になるから．24色．［$FC・CF・C_n$］

III. 反応決定因　Determinant

⑤　ひとつの反応での複合に問題を含んでいる場合
　【例】Ⅲカード：雪山に見えます．（質疑）全体が雪，山だけが浮き出てる．「どうして？」白いよって．「どこから見てるの？」空から見てる．
　　　　　　C′ and（F）
　【例】Ⅷカード：アヤメの花．（質疑）ピンクのアヤメってないけど．pseudo
　　　　　　[FC⁻]

Ⅳ. 形体水準 Form Level

| 評定スケール | 標識 |

1. 基礎形体水準 Basic Form Level (BFL)

(1) 基礎概念の抽出
(2) 基礎形体条件による基礎概念のクラス分類
 Ⅰクラス：無形体の概念群
 Ⅱクラス：不定形体の概念群
 Ⅲクラス：単純形体ないし単純構造の概念群
 Ⅳクラス：Ⅰ～Ⅲクラスの特定化概念でⅤクラスと同等の識別形体の概念群
 Ⅴクラス：識別形体の概念群
(3) 基礎概念の基礎形体条件と図版条件との適合度の判定
 Ⅰ～Ⅴクラスの概念で不適合の場合：不良形体反応   F−
 ［F−のレベル］
   基礎形体条件のごく一部の欠落   −1
   結合反応の基礎形体水準が（＋）×（−）の場合   −1
   基礎形体条件の全面的でない程度の欠落   −2
   基礎形体条件の認知の重大な不合理   −3
   図版との関連性が認定困難   −3
 Ⅰ～Ⅲクラスの概念で適合している場合：許容反応 Permitted response   Fpm
 Ⅳクラス・Ⅴクラスの概念で適合している場合：良形体反応   F＋
 ［F＋の出現頻度による分類］
  ポピュラー反応 Popular response（10人に1回以上）   ＋p
  中間頻度の反応（100人に2～9回程度）   ＋
  オリジナル反応 Original response（100人に1回以下）   ＋o

2. 反応の結合 Organization

(1) 複数の独立概念がある場合
(2) 結合表現による分類
 有意義な結合表現 in harmony organized   h
 ルーズな結合表現 loosely organized   l
 不自然な結合表現 in disharmony organized   d
 独立概念の羅列 non-organized   n

3. 特殊要素の評定 Specification

 基礎形体水準以外の，反応に関与する図版条件との適合度の評定

IV. 形体水準　Form Level

(1) 評定ランク　　　　　　　　　　　　　　　　　　Sp.＋　　Sp.±　　Sp.∓　　Sp.−

(2) 特殊要素の種類
　　反応概念の単純な特定化　Simple Specification
　　広義色彩の使用　Color (in a broad sense) Specification
　　運動の認知　Movement Specification
　　結合の認知　Organizational Specification

(3) 評定例

二種類以上の特殊要素が用いられ図版条件とよく適合している場合	Sp.＋
広義色彩の使用が図版条件と適合している場合	Sp.±
運動の認知が図版条件と適合している場合	Sp.±
結合の認知が図版条件と適合している場合	Sp.±
形に表すことができる主観的な認知の場合	Sp.±
象徴概念や象徴的な様態の場合は視覚化の可能性の程度によって	Sp.±, Sp.∓ないしSp.−に分かれる
形に表せない概念や形に表されていない様態の場合	Sp.−
図形の中での相互の位置が配慮されていない（作話性）結合全体反応の場合	Sp.−
定型識別部分の部位が交代している場合	Sp.−
具象的事物が空間を占有していない場合	Sp.−（混交）
認知形象と図版との対応がない場合	Sp.−（保続）
従属部分の全体的な合理性が認められない場合	Sp.−

4．評点法　Rating

評定スケール		標識	得点	
基礎形体水準 (Basic Form Level)	形体のとらえ方の的確なもの (form-accurate)	F＋		基礎得点
	オリジナル反応（100人につき1回以下）	＋o	2	
	中間頻度の反応（100人につき2〜9回程度）	＋	1	
	ポピュラー反応（10人につき1回以上）	＋p	1	
	許容反応 (permitted response)	Fpm	0	
	形体のとらえ方の不的確なもの (form-inaccurate)	F−	−	
特殊要素の評定 (Specification)	優秀なもの (superior)	＋	1	追加得点
	通常のもの (intermediate)	±	0	
	−とするほどでない程度の問題を含むもの	∓	0	
	不適切なもの (irrelevant)	−	−	
反応の結合 (Organization)	有意義な結合 (in harmony organized)	h	1	
	ルーズな結合 (loosely organized)	l	0	
	不自然な結合 (in disharmony organized)	d	0	
	独立概念の羅列 (non-organized)	n	0	

Rorschachは，反応の適合度の判定について，F反応とM反応および形体性が重要な位置を占めている反応の三種類を対象とし，F＋％はF反応の中でのF＋の百分比とした。しかし，出現数は少ないが，形体性の関与しない反応もあり，その様態を問うことも重要である。阪大法のフォームレベル・スコアリング（第Ⅳカテゴリー）では，反応全体の中での形体性の様態とその関与度を明確にしながら，反応の適合度について全反応を同じ枠組みで判定できるように工夫されている。

1．基礎形体水準　Basic Form Level (BFL)

　ロールシャッハ・テストでは漠然図形を媒体にして「何をどのように見たか」が問題にされる。「何を」に該当するものが認知の基礎であり，その形体性の側面を『基礎形体水準』として取り扱う。すべての反応が，BFL判定の対象となる。

(1) 基礎概念と基礎形体条件

　反応概念には，一般妥当性のある形体条件がある。たとえば「犬」という反応の場合，実際の犬と同じ像をロールシャッハ図版の中に見出すことは不可能であるから，実際の犬の像にどの程度合致しておれば，一般妥当性があるのかが問われる。Rorschachは「多くの被検者に検査を実施すれば，実際の像に近い形体性を持っている領域には，その概念の反応が集中する」という事実を見出し，それを基準にすることができると述べている。集中する反応が「犬」の場合には，その時の図形の形体条件が「犬」と特定するための一般妥当性のある形体条件になる。これを『特定形体条件』と呼ぶ。

　ところで，「犬」がみられる領域には「猫」や「動物（被検者が動物といった場合には四足獣を指している）」という反応も出てくる。「犬」「猫」「動物」はそれぞれ異なる概念であるが，意味上は関連を持っている。形体性の判定では，特定形体条件が同じ場合には，意味上同種の概念は同じとみなし，同種の概念の中で，意味上の包括度が最も大きい概念を『基礎概念』とする。この基礎概念に対応する特定形体条件を『基礎形体条件』と呼ぶ。例示の「犬」「猫」「動物」の場合は，その特定形体条件にはあまり変わりはないので，意味上の包括度が最も大きい概念である「動物」が基礎概念となる。

　しかし同種の概念であっても特定形体条件が変われば，同じ基礎概念に含むことはできなくなる。たとえば「象」は「動物」ではあるが，長い鼻に相当する形体がなければ「象」とは認知されず，長い鼻を必要とする動物は「象」しかないので，「象」が基礎概念になる。

　反応に色彩性，運動性，結合性などが参加してきている場合でも，まず基礎概念と基礎形体条件を取り出して，それを基礎形体水準での判定対象とする。たとえばⅡカードでの「人間」「赤い帽子をかぶった道化師」「人が二人，相撲をとっている」「人が背伸びをしている」という四種の反応の基礎概念はいずれも「人間」である。

　　＊　「背伸びをしている」は，ⅡカードのW領域の反応としては形体的に不適切だが，基礎概念は「人間」であるから，基礎形体水準の判定は「人間」の基礎形体条件に適合しているか否かを問う。（⇒33ページ）

IV．形体水準　Form Level

各反応の基礎形体水準の判定は，与えられた反応の基礎概念を抽出し，その基礎概念についてここに述べた手続きに従って，すでに抽出されている基礎形体条件と反応が与えられた図形の形体との適合度によって行われる。（⇒27ページ）

(2)　**基礎形体条件の明確化**

Dd領域でよりよい形体のものを発見できるとしても，普通部分反応でないために，またdd領域は領域が小さければ小さいほど小ささの故にその頻度は低下する。Rorschachは「これらの（特定の領域への集中傾向がみられる－著者）反応よりも，より良いものもやはりF＋とされる」としている。論理的には納得できる記載であるが，条件の基準が明確にされることが求められる。

Phillips, L.とSmith, J. G.[9]は，Beckの良形体反応表に基づいて同一の反応概念のF＋となる領域（その反応概念の集中傾向がある領域）を集め，構造面から図形形体を相互比較して共通性を引き出し，その共通性をその概念のF＋の判定基準とする方法を発表している。頻度の低い反応であっても，その領域がF＋の判定基準に合致する構造を持っているか否かを判定すればよいことになる。このようにして多くの反応についてその判定基準が検討され作成されることによって，判定者間の判定水準は安定したものとなりやすい。しかしながら，その拠り所にしているBeckの良形体反応表そのものが，頻度の高いものをF＋，低いものをF－としているために，解釈上で重要な意義を持つ反応の形体上の質の違いを考慮することはできない。

反応としては識別形体以外の形体質のもの，また広義色彩性だけのもの，さらに無形体の概念のものも生じる。ただこれらは識別的な形体性による反応と比較すると頻度も特定領域への集中度も低い。概念の形体質は意味上だけでなく集中度をみることによっても裏づけられる。すなわち単純形体の概念はそれに応じた単純形体の領域に集中する。不定形体の概念は，たとえば形体上「動物」を特定する傾向の強いⅧカードのD_1のような領域にはふさわしくないのは当然であるが，その他には領域の集中はない。広義色彩性のみの反応は広義色彩の領域という限定を受けるが，形体性による集中はない。広義色彩性が関与していない無形体の概念は，図版という実際に存在している媒体を無視している可能性が高い。ロールシャッハ・テストの反応としてはふさわしくなく，それだけでも問題を含んでいるので，形体性の条件を引き出すことは問題外となる。（⇒26，33ページ）

なお単純形体ないし単純構造の概念，不定形体の概念，そして無形体の概念の順に形体条件は緩和から無になっていくから，特定形体条件よりも各概念の形体質を判定することになる。

F＋の基準をより明確にするために，以上の点を考慮に入れて，阪大法スコアリングでは多数の反応を集めて基礎概念を抽出し，形体質の分類も含めて基礎形体条件を引き出す作業を行ってきた。[15] それを［資料］基礎形体水準判定基準表（⇒80ページ～）にまとめている。

(3)　**反応概念の基礎形体条件によるクラス分類**

各反応概念は以下の水準あるいは質のクラスに分類する。

① Ⅰクラス：無形体の概念群

Ⅰクラスの無形体の概念は，用いられた領域が何らの境界も必要とせず，構造は不定である。「$_2$火」「$_3$血，血痕など」「$_4$しみ」「$_5$空，水，雪，霧など」は，広義色彩性のみによる反応の場合である。

　＊　反応概念の左下の番号は，［資料］基礎形体水準判定基準表の基礎概念に付された番号。

分類欄の「抽象概念」の中で，象徴的な形象化の可能性がないものは先に述べたように反応としてはふさわしくなく，形体上の限定性を問うことはできない。（⇒25, 33ページ）

② Ⅱクラス：不定形体の概念群

Ⅱクラスの不定形体の概念は不定形体であることが一般妥当性を持ち，用いられた領域は不定形体とみなすことができる境界を持っている必要がある。なお広義色彩性と結びつけて反応されるものが多い。

たとえば色彩のみの「$_2$火」はⅠクラスであるが，「$_6$火炎」は不定の輪郭でそれなりの塊をなしている必要がある。「$_7$雲」「$_9$石，岩，石灰，鉄の塊など」「$_{12}$解剖図，内臓，骨など（不特定）」「$_{15}$地図（不特定）」なども同様である。

前に述べたように，識別形体概念である「動物」反応の集中性がみられる，ⅧカードのD$_1$のような領域への，不定形体の概念の反応はふさわしくない。（⇒25ページ）

③ Ⅲクラス：単純形体ないし単純構造の概念群

Ⅲクラスの概念は，A：単純直線構造のもの，B：単純曲線の輪郭のもの，C：不規則曲線の輪郭のもの，D：単純構造のもの，E：分散構造のものに大別される。

用いられる領域はそれに適合する輪郭とそのような構造であることが必要となる。「$_{28}$山，半島，谷，湾など」の形体条件が「１）外形が凹または凸の曲線」というように，各基礎概念を特定化する単一的な形体条件が示されるようになる。

④ Ⅴクラス：識別的輪郭形体の概念群　（Ⅳクラスは後述）

Ⅴクラスの概念は識別的な輪郭形体を持つ具象的概念群である。反応の中で重要な位置を占め，多種類で，反応の数も多い。Rorschachが特定の領域への集中性がみられるとした出現頻度の高い反応概念はすべてこのクラスに属している。用いられる領域は個々の反応概念の特定形体条件に適合した輪郭形体と構造を持つ必要がある。Ⅲクラスの概念群とは異なり，個々の概念の特定形体条件は複数となる。さらに大きさのバランスと各部位の位置の合理性という条件が加わる。

各基礎概念の基礎形体条件に該当する領域の代表例を，［資料］基礎形体水準判定基準表の右側の「条件に合格する領域の代表例」欄に示している。

　＊　なお少数であるが，その概念がF＋になる領域でありながら照合できる他の領域がないために基礎形体条件が示されていないものや，複数の領域が示されながら基礎形体条件が未だ引き出されていないものがある。

⑤ Ⅳクラス：Ⅰ～Ⅲクラスの特定化概念群

意味上はⅠ～Ⅲクラスの基礎概念が特定化されて，反応される領域が集中する場合がある。

Ⅱクラスの「$_6$火炎」は赤い領域であればどこでもよく，それ以上の集中性は示されない。しかし，「$_{73}$爆発」にはⅡカードD$_4$の「炸裂」型とⅩカードD$_1$の「花火」型とがあり，出現領域が集中してくる。また「きのこ」型ではⅨカードのD$_1$とⅧカードのD$_5$が挙げられる。それぞれ表に示したように基礎形体条件は不定形体ではないし，単純形体ないし単

純構造でもない。「炸裂」型は特定するための基礎形体条件は条件が複数になり，Ⅴクラスのクラス条件に該当する。さらに例を挙げればⅢクラスの「$_{28}$山」は凸の曲線という単一の形体条件であるが，「$_{69}$富士山」と特定化されると条件が複数化してⅤクラス条件に該当することになる。

　Ⅳクラスの概念は，このようにⅠ～Ⅲクラスの概念が特定化されることによってⅤクラスと同等の形体条件を持つようになった概念群である。

⑷　[資料] 基礎形体水準判定基準表の補足説明
①　特定概念と基礎概念との関係

　ⅣクラスとⅤクラスの概念で，たとえば「$_{110}$動物（四足獣）」という基礎概念から，「兎」とか「象」とかに特定化された場合には，「動物」の条件に前者は「長い耳」，後者は「長い鼻」がさらに必要になる。このように基礎形体条件が変わった場合は，その特定化された概念が基礎概念となる。「動物」が成立する領域でも，このような特定概念の基礎概念が要求する特定条件が満たされなければF＋にならない。しかし特定概念の特定形体条件を満たす領域で，単に「動物」と反応された場合にはF＋になる。このような特定概念の場合は基礎概念の欄に＊印が付してある。

②　認知のタイプ分類

左側の「基礎概念と基礎形体条件」欄の認知のタイプ分類記号について
　　P 型：側面像（profile type）
　　F 型：正面像（front view type）
　　B 型：俯瞰像（bird's-eye view type）
　　H 型：擬人化（humanized type）擬人化してとらえた動物反応など
　　C 型：戯画化（caricaturized type）人間および動物反応で戯画化してとらえた場合
　Ⅰ型・Ⅱ型は，いくつかのタイプがあることを示している。
　F 型と B 型とは，表示の基礎形体条件にほぼ左右対称の条件が加わる。

⑸　基礎形体水準のスコア手続き
①　スコア順序

　1）　各反応ごとに基礎概念を抽出する。
　2）　基礎概念の基礎形体条件によるクラスを認定する。
　3）　基礎形体水準判定基準表に基づいて，選ばれた領域とその概念の基礎形体条件とを照合する。
　4）　その照合結果により，以下のように判定する。
　　　不良形体反応　F－：いずれのクラスにおいても不適合の場合。
　　　許容反応 Permitted response　Fpm：形体の規定度が低いⅠ～Ⅲクラスの概念で，クラス全体の条件あるいは基礎形体条件に不適合がない場合。
　　　良形体反応　F＋：形体の規定度の高いⅣクラスとⅤクラスの概念で，選ばれた領域が基礎形体条件を満たしている場合。

②　ポピュラー反応とオリジナル反応

Rorschach は事例解釈の中で出現頻度の最も高い反応を Vulgärantworten として，三

人の被検者のプロトコールごとに見出されるような反応と記載している。現在，ポピュラー反応 Popular response とされているものは，研究者によって，1/3人の頻度とか，1/6人の頻度とか，さまざまである。頻度順の分岐点の絶対的基準を作ることはできない性質のものである。先のDとdのロケーション番号の基準とした児童584名，成人339名の全反応リスト調査[2),17)]では，欧米人と比べて日本人の反応数は少なく，1/10人の頻度で，だいたい多くの研究者でポピュラー反応として挙げられているものを含んでいた。表2の阪大法のポピュラー反応は，1/10人以上の頻度のものをリストアップし，さらに3/10人（出現人数百分比30％）以上（＝＝の下線），2/10人（同20％）以上（――の下線），1/10人（同10％）以上（アンダーラインなし）の頻度の3段階がわかるように示している。

またRorschachは原著で100人に1回出会うような反応をオリジナル反応 Original response と名づけ，これを＋と－とに分けている。阪大法ではＦ－のオリジナル反応という分類は採用していない。その理由はＦ＋の基準は出現頻度が関係しているため＋の中での頻度差による区分は妥当であるが，Ｆ－は－という質そのものに注目しているのであって，頻度とは本質的に無関係であるからである。

表2　ポピュラー反応

カード	反応領域	成　人	児　童
Ⅰ	W	コウモリ　蝶，蛾	コウモリ　蝶，蛾　鳥
Ⅱ	W DⅡ	人間二人 動物	動物
Ⅲ	DⅡ DⅢ	人間 リボン，蝶ネクタイ	人間 リボン，蝶ネクタイ
Ⅳ	W W DⅠ	コウモリ　動物の毛皮 人間，類人間 動物の頭	人間，類人間 動物の頭
Ⅴ	W	コウモリ　蝶，蛾	コウモリ　蝶，蛾　鳥
Ⅵ	W DⅡ	動物の毛皮 動物の毛皮	動物 動物
Ⅶ	DⅠ DⅤ	人間 人間	人間　動物（擬人化） 動物（擬人化）
Ⅷ	DⅠ DⅡ	動物 花	動物 花
Ⅸ	DⅠ	花	花
Ⅹ	DⅠ DⅤ	クモ　カニ 動物	クモ　カニ 動物

10人に1人以上の出現頻度の反応をリストアップ
10人に3人以上の場合＝＝＝のアンダーライン　　10人に2人以上の場合―――のアンダーライン

IV．形体水準　Form Level

③　F－のレベル
　1)　－1
　i)　基礎形体条件をほぼ満たしているが，条件のごく一部を欠落させている場合．
　たとえばIIカードで頭部に相当する赤色のD_3を除いて，D_2のみで「人間」と反応した場合である．俯いていると考えない限りは頭部が欠落したような不自然な形体になってしまう．IIカードのW/2（D_3+D_2）の「人間」はF＋であるが，D_3が赤色でD_2が黒色というように，地の表出が異なることの影響を受けて，同じ色彩のものが同じものとされてしまっていることによって，形体の適合性を一部，頭部で欠いているような場合である．
　ii)　結合反応（⇒30ページ）の基礎形体水準の判定で（＋）×（－）になる場合．
　2)　－2
　ごく一部とはいえない基礎形体条件の欠落があるが，全面的ではない場合．
F－ではあるが，何故その反応をしたのかの図版との関連が推定できる程度のもの．通常F－とされるものは，このレベルに属するものが多い．
　3)　－3
　i)　基礎形体条件の認知に重大な不合理がある場合．
　ii)　反応の図版との関連の認定が困難な場合．
　たとえば反応領域は（W），反応決定因は（F）とスコアせざるをえないような反応である．

④　特殊な表現の基礎形体水準の判定例
　1)　合理化表現
　【例】Iカード：［D_1］頭が隠れている人間．
　基礎概念「人間」の基礎形体条件である頭部を図形が欠いている場合，そのことを合理化表現することで対応している．この場合，「人間の下半身」で基礎形体水準を判定し，F＋とする．
　【例】IIカード：［D_2］頭が隠れている人間．
　先のF－1での例示と同じ反応である．基礎概念「人間」の基礎形体条件である頭部に相当する部分のD_3があるにもかかわらず，赤と黒の色彩の違いを乗り越えられず，黒色の領域だけで合理化表現している．「人間」で基礎形体条件を判定し，F－とする．
　2)　歪曲表現
　【例】Iカード：［W］腐りかけた骨盤．F＋
　【例】VIIカード：［W］腐りかけた骨盤．F－
　原則的に基礎概念の基礎形体条件で判定する．
　【例】VIIカード：［d_3］壊れた橋．Fpm
　基礎概念「$_{160}$橋」はVクラスであるが，IIIクラス以下の形体条件を適用する．
　3)　非現実概念表現
　【例】角のある人間．シッポのある人間．
　基礎概念が成立する領域への反応の場合はF＋，それ以外の領域ではFpmとする．
　【例】人間と動物の合いの子．頭がトラで，足はワニのような動物．
　二つ以上の概念を混合した表現の場合，いずれかの基礎概念が成立する領域ではFpm，それ以外の領域ではF－とする．（⇒32ページ）

【例】お化け．化け物．

形体性が明確でない概念の場合。人間または動物が成立する領域ではFpm，それ以外の領域ではF－とする。

【例】幽霊．

架空の人間であるが，形体がある程度明確な場合。人間や人間の上半身が成立する領域ではF＋，それ以外の領域ではFpmとする。

【例】Ⅳカード：［W］怪獣．怪物．ゴジラ．

架空のものであるが，形体性がかなり明瞭な場合。類人間，類動物に準ずるとみなし，F＋としてもよい。

4）dHおよびdA表現

人間または動物の部分概念に対応する反応領域であるにもかかわらず，反応表現は人間または動物の全体とした場合。（⇒38ページ）領域に対応する部分が人間および動物の頭部の場合は，人間あるいは動物の頭部と表現された場合と同様の取り扱いをする。領域に対応する部分が頭部以外の部分でF＋と判定される場合はFpm，その他の場合はF－とする。

5）複義概念表現

【例】Ⅹカード：［D_6］虫．

異なる基礎形体条件を持つ二つ以上の基礎概念を含む表現で，実施段階または質疑段階において，いずれかに区別する手がかりが得られない場合は，そのいずれかの基礎概念が成立する領域ではFpm，その他の領域ではF－とする。

例の場合，昆虫は成立しないが，カイコや青虫などの虫が成立するのでFpmとする。

2．反応の結合　Organization

反応の結合も実施段階で表現された場合にのみスコアされる。

ひとつの反応に複数の独立概念が含まれている場合は，結合反応　Organizational response（Org.と略記）をスコアする。ここでは反応概念の独立性と結合表現の有意性と合理性とを中心に取り扱い，結合表現の図形との適合性は特殊要素の評定（⇒32ページ）で取り扱う。

反応の結合については実施段階の言語表現のみでスコアする。運動反応の項に記載した理由と同じであるが（⇒19ページ），結合反応の場合にも認知の時点においてその結合の様態で認知されていることが要請され，被検者にそれが重要であると感じ取られていれば，実施段階で表現されると考えるのが理にかなうからである。実施段階から時間が経過している質疑段階の表現には付加や変更が入り込んでいる可能性が考えられ，継時的変化が疑われる。質疑段階でのみ表現された場合には，認知と表現との間の継時性の問題を注意深く検討することが求められる。（⇒20ページ）

IV. 形体水準　Form Level

⑴　反応概念の独立性

　実施段階で複数の概念が表現されている場合，その複数の反応概念の独立性はそれぞれの概念がその領域で独立的に出現し得るか否かによって決まる。

　たとえばⅧカードの「花［D_2］と葉っぱ［D_6］」という反応の場合，「花」と「葉っぱ」の二つの概念の独立性の認定はつぎのようになる。「花［D_2］」は成人でも児童でも，20％以上の頻度のポピュラー反応であるから独立的に出現し得る概念である。「花［D_2］と葉っぱ［D_6］」とをまとめて，「（葉のついた）花」とする反応は中間頻度で出現する。それに対して「葉っぱ［D_6］」だけの反応は極めて頻度が低い。このⅧカードの「花［D_2］と葉っぱ［D_6］」の場合の「葉っぱ［D_6］」は，「（葉のついた）花」として「花［D_2］」に従属しており，独立概念ではないとするのが合理的である。この「花と葉っぱ」の場合はひとつの反応に複数の独立概念が含まれていないから反応の結合性は問わない。

　一方，Ⅲカードで「人間［D_2］」の反応は30％以上の高頻度のポピュラー反応であるから，「二人の人間が何かをしている［W］」という見方の場合の「二人の人間」の「人間」はそれぞれ独立概念である。ひとつの反応に複数の独立概念が含まれているので反応の結合を問うことになる。

⑵　結合反応のスコア手続き

① スコア順序

1） 反応に複数の独立概念が存在するか否かを判定する。
2） 複数の独立概念が認定されたら，個々の独立概念ごとにその基礎形体水準を判定する。
3） 図形との適合は特殊要素の評定（⇒32ページ）で検討することにして，その結合表現の有意性と合理性に基づいて以下のように結合反応を分類する。

② 分類

1） h　有意義な結合表現　in harmony organized
　【例】Ⅲカード：［W］二人で荷物を持ち上げようとしている．
　表現された関係が不自然でなく有意義な場合。
　表現された関係が，たとえば「ケンカしている」「争っている」であっても，現実の日常生活に存在する関係であればOrg. hである。

2） l　ルーズな結合表現　loosely organized
　【例】Ⅲカード：［W］二人で何かしている．
　表現された相互の関係の意義が曖昧な場合。

3） d　不自然な結合表現　in disharmony organized
　【例】Ⅹカード：［D_4］兎の目から，ヘビ［d_1］が出てきている．
　表現された関係は現実にはあり得ず，不自然な場合。図版がそうなっているという状況に引きずられて生じた反応である。

4） n　独立概念を羅列しただけの表現　non-organized
　【例】Ⅶカード：［$W = D_3 \times 2 + D_4 \times 2 + D_6 \times 2$］お面が六つ．
　概念がただ羅列されただけの場合。

③　結合表現の図形との適合性について
　　【例】Ⅲカード：［$D_2×2$］二人が背中合わせになって，外へ走りだそうとしている．
　表現された二人の関係に不合理はなく有意義であるが，表現された関係像は図形とは一致しない。この不適切さは特殊要素の判定で問題とする。(⇒33ページ)
④　結合反応での基礎形体水準の取り扱い
　結合反応の場合はまず個々の独立概念ごとに基礎形体水準を判定し，以下の整理手続きを経て，ひとつの基礎形体水準にまとめる。
　　1）複数の独立概念の基礎形体水準が同じ場合
　　　　F＋×F＋＝F＋　　　F－×F－＝F－　　　Fpm×Fpm＝Fpm
　　2）複数の独立概念の基礎形体水準が異なる場合
　　　　Fpm は無活動となる　　F＋×Fpm＝F＋　　　F－×Fpm＝F－
　　　　F－が主導権をもつ　　F＋×F－＝F－1
　　3）複数の独立概念がともに良形体であって，出現頻度が異なる場合
　　　　ポピュラー反応が主導権をもつ　　F＋p×F＋＝F＋p　　F＋p×F＋o＝F＋p
　　　　オリジナル反応が第二の主導権をもつ　　F＋o×F＋＝F＋o
　　4）独立概念が3個以上の場合も同じように取り扱う。

3．特殊要素の評定　Specification

　基礎概念と基礎形体条件以外の反応に関与するすべての特殊要素　Specification（標識は Sp.と略記）と図版条件との適合度を評定する。

⑴　評定ランク

　Sp.＋ (superior)，Sp.± (intermediate)，Sp.∓ (problematic：－とするほどでない程度の問題を含むもの)，Sp.－ (irrelevant) の4段階評定ランクとする。評定の基準が明瞭である形体性を除いた面を主な評定対象としているためランク分類には厳密にはこだわらず，ほとんどの場合，Sp.±とする。しかし，Sp.－は頻度は高くないが，他のスコアには反映させることのできない病理性の深さと結びつく問題を含むことを明示するものであるので重要である。

⑵　特殊要素の種類

① 反応概念の単純な特定化　Simple Specification
　基礎形体条件を同じくする範囲内で，基礎概念よりも特定化されている場合の，単純な特定化である。
　　【例】Ⅷカード：猫［D_1］．
　基礎概念の「動物」から「猫」と特定化している場合は，同じ基礎形体条件の範囲内での形体上の特定化に過ぎない。このような Simple Sp.は理論上の分類に過ぎないので，Sp.の評定はしない。
　　【例】Ⅴカード：［W］蝶と鳥の合いの子．
　細部の不一致に拘泥して，「蝶」か「鳥」かいずれかに決定できず，蝶と鳥の「合いの

子」と合理化した場合は，Sp.−とスコアするほどの病理性を示唆するものではない。しかし，問題含みのSp.であることをSp.∓でチェックする。(⇒29ページ)

② **広義色彩の使用** Color (in a broad sense) Specification

基礎形体水準で扱う形体性以外の広義色彩が用いられた場合に評定する。広義色彩は図版の中に存在しており，その色彩を認知することによって，反応にその色彩が用いられるのであるから，ほとんどの場合Sp.±のスコアである。

F↔Cの場合，その強いられた色彩は不自然であるからSp.−とすることも考えられるが，図版上は表現された通りの色彩が存在するのでSp.∓とする。(⇒16ページ)

③ **運動の認知** Movement Specification

実施段階で運動表現があれば，図版条件との適合度の評定をする。ほとんどの場合Sp.±のスコアとなるが，

【例】IIカード：[W] 二人，背伸びをしている．

「人間」の基礎形体条件は満たしているからF＋であるが，背伸びという運動表現は図版条件とは不適合であるから，Sp.−とする。(⇒24ページ)

【例】VIカード：猫が絶叫している．

「絶叫する」という運動は，叫び声という音声がなければ認知できない。図版には音声はないから，図版条件からかけはなれていて，不合理であるからSp.−とする。運動は静止図形にはなく，運動の認知は被検者の内面にある運動の感覚に基づくものであるから，このSp.−は内面の活動性が現実（図版）から遊離していると解釈される。

④ **結合の認知** Organizational Specification

実施段階で結合表現があれば，表現された様態と図版とが適合しているか否かをかならず評定する。ほとんどの場合，Sp.±のスコアであるが，

【例】IIIカード：[$D_2×2$] 二人が背中合わせになって，外へ走りだそうとしている．

運動の認知だけでなく結合の様態も図版とは適合していないから，Sp.−である。(⇒32ページ)

【例】IIIカード：[∨] 火星人が子どもを呼んでいる．(質疑) 火星人 [W]，目 [$D_8×2$]，手 [$D_4×2$]．子ども [$D_1×2$]．

「火星人」と「子ども」はそれぞれ独立概念で，基礎形体水準は「火星人」も「子ども」もF＋であるから，全体はF＋となる。結合反応のスコアは火星人はSFものと考慮すればOrg. dとするほどではない。しかし，ただ「呼んでいる」だけであるからOrg. lでよいだろう。しかし，「火星人」と「子ども」の配置は「呼んでいる」にふさわしくないから，Sp.−とする。このような反応は図形の中での相互の位置に正しい配慮をせずに，物語が語られ結びつけられたもので，Rorschachが作話性結合全体反応 konfabulatorisch-kombinatorische Ganzantwort と呼んでいる。F＋で認知された現実の対象が内面の活動性に取り込まれて，現実から遊離していると解釈される。

(3) **代表的な Sp.− の条件**

上述のSp.−例における解釈は，当然のことながらプロトコール全体を視野に入れた上で引き出されたものである。Sp.−の反応はプロトコール全体を視野に入れた解釈の重要な位置を占め，その反応成立の機制がその解釈過程によって，確認されるのである。

① 形に表すことができる主観的な認知の場合は Sp.± でよいが，象徴概念や象徴的な様態の場合は，視覚化の可能性から遠い場合には Sp.− となる。視覚化の可能性からそれほど遠くない場合，その可能性の程度によって，Sp.± ないし Sp.∓ となる。

　形に表れない内面的な動きは，形に表れている主体の内面に生じているものであるから，形に表すことができる主観的な認知に準じて Sp.± とする。

② 図形の中での相互の位置に配慮が払われていない，Rorschach の作話性結合全体反応は Sp.− とする。

③ 定型識別部分の部位は交代してはならないという基本原則が守られない場合は Sp.− とする。たとえば，Ⅴクラス概念の「頭」が，ひとつの反応の中で一カ所に定位されていないような反応で，基礎形体水準のみではこの問題点を明示できないからである。

④ 具象的に存在する事物は一定の空間を占有するという基本原則が守られない場合は Sp.− とする。ある時にある領域にひとつのものを見ると，その領域は同時に他のものであることはできない。同一の領域に複数のものを同時に着想しても，別個のものとして区別するか，ひとつを選びそれ以外のものは捨てなければならない。ごく稀であるが，次のように同一の領域に同時的に着想されたものが，ひとつの概念にされてしまう場合がある。

【例】Ⅳカード：手堅くやっている政治家の肝臓．

　Wが「肝臓」であるとともに「政治家」で，ひとつにされている。この反応はRorschach が混交全体反応 kontaminierte Ganzantwort と呼んだ，統合失調症者が示したものとして例示した反応である。Sp.−（混交）と注記する。

⑤ 認知された形象と図版との対応がない場合 Sp.− とする。先の図版で生じた着想が残っていてそれに支配されると，図版が変わってもその前の図版での着想を繰り返し，新たな図版との対応性がなくなる。この機制を保続 Perseveration と呼ぶ。基礎形体水準は当然 F− になるが，それだけでは保続を明示できないから，Sp.−（保続）と注記する。

⑥ 従属部分の全体からみての合理性が認められない場合 Sp.− とする。全体概念の中に含まれる部分であっても，その部位が合理的な位置を占めていなければならない。従属部分のそれぞれの基礎形体水準が F+ となる場合であっても，この不合理があれば Sp.− で明示しておく。

4．評 点 法 Rating

① 評 点

ここまでの形体水準の評定スケールで解釈は可能である。各ディメンジョンやレベルや性質の違ったものを，数字というひとつの性質の量の差に置き換えることは本来なじまないものであるが，この評点法では，数字の性質を利用し，以下のように経験的価値感覚を数字で生かしながら評点を配置している。（⇒23ページ）

オリジナル反応 F+o はポピュラー反応 F+p よりは発見が困難であるから，その困難をクリアしている点から，ポピュラー反応より高い評点を与えている。しかしポピュラー

IV. 形体水準　Form Level

反応であっても，Org. h の結合反応でもある場合には，F＋o と同等あるいは，より高く評価できる評点を与えている。

　基礎形体水準の F－や Sp.－は，その認知に問題を含むことを示していることが重要である。－（マイナス）であることそのことが意味を持っているのであるから，この－点の減算はしない。基準形体水準の判定と出現頻度別で基礎得点が与えられ，追加得点はあれば追加される。いずれかに－があれば，その反応の総合点は－となる。

②　適応指数　Adjustment Quotient

　総合的評価の指標の適応指数 Adjustment Quotient（AQ と略記）は，個々の反応の総合点の合計得点と総反応数 R の百分比とする。

　AQ　raw score = Form Level の得点の総計

　　　＊　総合点が－（マイナス）の個々の反応は計算する必要はない。

$$AQ = \frac{AQ\ raw\ score}{R} \times 100$$

この作業は，スコア手順としては第二段階のプロトコールからの直接のスコアが済んでからの手続きである。（⇒ 2，49ページ）

　AQ＝100 が，おおまかにみて一般的に対応し得た効率を示しているという意味での目安にはなるようである。

V. 反応内容 Content

主な反応内容の分類：標識

動物反応　Animal response：A
人間反応　Human response：H
類人間・類動物反応　Humanlike & Animallike response：(H), (A)
生物反応　Creature response：Cr
［人間・動物］系の部分反応：Hd, Ad, (Hd), (Ad)
植物反応　Plant (Botany) response：Plt
解剖反応　Anatomy response：［At］　骨系：bony At, 内臓系：visceral At
血液反応　Blood response：［Bld］
性反応　Sex response
レントゲン(写真)反応：Xray
［火・爆発］系の反応：Fire・Explosion response：［Expl］
［雲・煙・風景・地図・岩石・穴］系の反応：Cloud・Smoke[Sm]・Landscape[Ls]・Map・
　　　　　　　　　　　　　　　　　　　　　　　　　　　　　　　　Rock・Hole

---

*　解剖反応以下は，そのまま反応内容として記載しておくのでもよいが，比較的よく用いられている標識は［　］を付して示している。

1. 反応内容のスコアについて

　コンテント・スコアリング（第Vカテゴリー）では「何を見たか」を整理する。これまでの，反応領域・反応決定因・形体水準のスコアは，いずれも図形内にすでに存在している要因についての被検者の用い方を，多くの被検者に施行した結果も参考にしながら，整理したものである。それに対して，被検者に「インクのしみ」以外のものを見ることを求めた結果である，反応内容の選択と最終決定の要因は図形内にはなく，被検者の中にある。したがって，これまでの反応領域・反応決定因・形体水準という三種のカテゴリーの標識とは異なって，すべての反応の反応内容を網羅して整理し準備することはできない。
　Rorschach は，動物：T，動物部分：Td，人間：M，人間部分：Md，風景：Ldsch，物体：Obj の 6 個のみを標識化している。各研究者によってこれまでに用いられてきた反応内容の標識は数多くあるが，すべての反応を網羅することは不可能であるから，同じような意義づけをし得るものを，概念上の意味の共通性によってまとめた集合概念として，標識化されることになる。
　たとえば反応内容の標識は A とされる動物反応の『動物』は被検者がそのまま「動物」と言うことはまずない。動物反応以外の標識も一部は被検者が直接言葉にするものもあるが，大半はその通りの言葉で表現されることはなく，概念上の意味の共通性によってまと

V．反応内容　Content

められた集合概念に基づいている。反応内容のその選択と決定は被検者側に委ねられているので，そのテーマ内容は被検者の関心や葛藤を示唆するものでもあるから，その側面から解釈につなぐことができるように整理した標識化にもなっている。

2．主な反応内容

⑴　動物反応　Animal response　A

ここでの『動物』は，被検者が反応としてそのまま言葉にして表現する四足獣に限らず，鳥類・魚類・昆虫類も含めて諸種の動物としての特徴を共有するもの全体を指す集合概念である。動物反応が全般的にも，また個々のプロトコールにおいても多数を占める理由を，次の二つの条件から考察する。

①　図形の条件

10枚の図版は略左右対称で輪郭は不規則であり，全体は輪郭上の一点から輪郭をたどると一周して元に戻る，完結型の構造である。全体はまた同じく完結型であるDの集合という構造を持っている。したがって，

ⅰ）　完結型の図形構造は独立体を示唆する。

ⅱ）　人為的なものはシャープな輪郭であることが多いが，人為的でない自然体のものは不規則な輪郭である。

ⅲ）　生命を持ち，自ら動くことのできる独立体の動物は，バランス上，略左右対称の外形を持っている。そして略左右対称という概念像は，正面あるいは俯瞰して見た全体像でもある。

　　図形の側面に位置するDに対しても，生命体の側面像がみられるが，その場合も図形の対称性が向かい合う同じ形体を認知させやすくし，また現実の生命体は同型の仲間が多数存在しているものであるから，この点からも生命体が認知されやすくなっている。

ⅳ）　カードが10枚あることと図版の全体が完結型のDの集合であるという構造性とが，多様性を示唆している。

②　被検者の条件

具体的に実在し，日常，目にすることが多くて，被検者が関心を持ち，同一化しやすく，種類が多いものが，反応として選択されやすい。人間にとって同一化しやすいものは生命を持って自ら動く独立体である。

①，②の二つの条件を満たし，実際に存在するものとしては「動物」しかないのである。

⑵　人間反応　Human response　H

人間反応の選択と決定にも基本的には動物反応と同じ条件が当てはまるが，「人間」は人間にとって特別の位置を占めているから，人間反応は他の動物とは切り離して特別の意義と条件を考えなければならない。

動物反応の四足獣や翼のある動物は，胴体軸に対して四肢や翼は直角に交差し，四肢や翼は胴体軸から突出しているので，認知は容易である。一方，直立して歩行する人間では胴体と下肢とは同じ直線軸であるから，胴体と下肢とを区別して認知することは容易でな

い。したがって人間像を認知するには，他の動物よりも正確に把握する認知力が必要となる。

そして人間以外の現実の対象は，人間から見える対象として存在している。その見える対象の中に人間も含まれるが，同時に見ている自分も人間である。この見ている自分も人間であるということが，テーマ内容として解釈上の意義に関連する。

⑶ 人間と動物とが関連する反応内容

① 類人間・類動物反応　Humanlike & Animallike response　(H), (A)

(H), (A)は，それぞれ，( )内のHあるいはAに類するものである。生命体類似のものでありながら，脱生命化され，脱現実化されているというテーマ内容が解釈上の意義を持つことができるように標識化されている。

② 生物反応　Creature response　Cr

人間か動物かを明らかにしないまま，人間か動物でなければあり得ない表現があった場合の標識である。主体として定位していないというテーマ内容が解釈上の意義を持つ。(⇒18ページ)

③ ［人間・動物］系の部分反応　Hd, Ad, (Hd), (Ad)

それぞれH, A, (H), (A)の部分像を認知して部分概念で表現している場合の標識である。認知像とその概念の把握における，全体と部分との関係を被検者がどう処理しているかを明らかにする。

* 人間や動物，およびその関連の反応概念では，部分像を認知していて全体概念で表現される場合がある。たとえば「人の顔」を認知して，「人」と表現するような場合には，「顔」はその人と特定することができる代表的な部分であるから，その部分の認知で概念的全体に準じる，つまり単なる外見上の全体ではなくて，そのものをそのものとして特定し本質を示すものが概念上の全体となるとも言えるから，それを考慮して，次のように処理する。部分像で捉えて全体概念で表現した場合はその表現のように全体像としてスコア上は処理するか，もしくは適宜dAやdHなどの標識を用いて，部分像を認知して全体像の表現をしているズレをチェックしておくのがよい。認知された部分像が，その概念を特定し代表する部分であったか否かが重要である。その概念を代表する部分でない場合は，全体と部分との区別の必要性に気づかないまま，認知した部分像だけから概念上も全体としていることが問題となる。(⇒30ページ)

⑷ 植物反応　Plant (Botany) response　Plt

動物の場合よりも左右対称という図形条件の影響は弱い。樹木の幹の根元は地面のラインにつながり，形は完結型になりにくい。花も切り離されて完結型の形にはなりにくく，反応決定因では色彩の影響が強くなる。

具体的に実在し，日常的に目にふれやすく，種類も多い生物である点では，出現しやすい。テーマ内容としては，植物という自ら動くことのできない生命体が選ばれたということが浮上してくる。しかし常にテーマ内容の問題は，解釈のひとつの考慮条件として浮上してくるだけである。その反応がそうであるか否かは，プロトコール全体をみないとわからない。

⑸ 生命体関連反応

生命体関連反応以降では，それぞれの概念集合・テーマ内容・図形条件などに応じて，

Ⅴ．反応内容　Content

今までに挙げた反応内容以外のものが浮上してきている。これらのものは浮上した概念をそのまま反応内容として記載しておくのでもよいが，比較的用いられている標識は［　］に入れて付記しておく。

　生命体関連反応は，日常生活では目に触れることは少ない，生命体の部分に関する反応である。日常的には目にする機会が少ないということは，図形条件との関係では形体識別度は高くなく，被検者側の条件ではタブー的な条件をになう傾向を持つ。テーマ内容の分析では，そのようなものを反応として表現することが意味を持ってくる。

　① 　解剖反応　Anatomy response　［At］
生命体の皮膚の内側部分が取り上げられた場合である。
　　1）骨系：bony At
　　　　　内臓系と比較すると，骨は識別形体で認知されやすく，客体的にとらえる対象になり得る。
　　2）内臓系：visceral At
　　　　　最も典型的な解剖反応である。単純形体や不定形体の傾向が強く，かつ形体以外の条件である広義色彩の「地・質の表出」が重要になってくる。
　② 　血液反応　Blood response　［Bld］
解剖反応と同じように生命体の皮膚の内側に存在するものであるが，皮膚が傷つくと，日常生活でも目にする機会がある。テーマ内容はその傷つきと関連する。図形条件との関連では不定形体であり，主要な反応決定因は赤という狭義色彩である。
　③ 　性反応　Sex response
性に関する身体部分の反応である。略左右対称であることと，中央の部位という図形構造から着想されることが多く，輪郭形体の識別度は低下しがちである。
　性器は外性器と受胎に関係する内性器とからなる。性に関することは，日常生活で目にしたり口にしたりすることはタブーとされている。テーマ内容の面からはタブーとされているものが，認知され反応として表現されたことによって意味を持ってくる。内性器も外性器も日常的に目にすることの少ない身体部分であるから，解剖反応と通常の身体部分反応との中間に位置する反応といえる。
　④ 　レントゲン（写真）反応　Xray
レントゲン写真は通常は骨が対象であるから解剖反応の骨系に近いが，ボンヤリした写真であるから反応決定因のY因子が関与したり，曖昧な漠然とした輪郭形体になりがちである。（⇒17ページ）生命体にまつわるものを知性化して間接化する傾向がテーマ内容となる。

　⑹ 　不定形体の反応内容について
　① 　［火・爆発］系の反応　Fire・Explosion response　［Expl］
不定形体になりやすく，反応決定因は狭義色彩のC〜C/F〜CFに分布する，［火・爆発］系の反応がある。（⇒15ページ）テーマ内容は「燃える・燃え尽くす・破壊的に跳ね飛ばす」などであろう。
　② 　［雲・煙・風景・地図・岩石・穴］系の反応　Cloud・Smoke［Sm］・Landscape［Ls］・Map・Rock・Hole

これらは，狭義色彩の図形条件が関係せず，不定形体であることが意義を持つ反応群である。テーマ内容よりも，識別的形体による認知力が弱体化していることが解釈上の意義を持つ。

3．その他の反応内容

　反応の出現に関与する図形の構造的な特徴と被検者の関心や葛藤を示唆するテーマ内容の両面から，主要な反応内容の標識を解説してきた。以下に出現頻度はそれほど高くはないが，主に内容分析上，特異な意義づけが期待されるものを整理してできた標識を列挙しておく。

　なお，ひとつの反応に複数のテーマ内容が示唆され，複数の標識が加わることもある。先に述べたように，すべての反応を標識化することは不可能であるから，その他の反応内容として具体的に記入するほうが実際的ではある。

　　面　Mask
* Hd, Ad, (Hd), (Ad)のスコアに併記する場合と分離する場合とがある。

　　果物・野菜など　Food
* Plt のスコアに併記する場合と分離する場合とがある。

　　物体　Object［Obj］，漠然とした物体　Vague Object
　　毛皮・クモの巣など Animal Object［A・obj］
* 細分類して毛皮を Pelt, Hide とする場合がある。

　　机・椅子など　Household［Hh］
　　用具類　Implement［Imp］
* ナイフ・鋏などは武器：Weapon や Fight のテーマ内容も加わることがある。

　　衣服　Clothing
* リボン・メガネ Ornament［Orna］

　　勲章・ワッペンなど　Emblem［Emb］，王冠・兜など　Crown
　　シャンデリア　Decoration［Dec］
　　楽器類　Music［Mus］，コマなど遊具　Recreation［Rc］
　　家・橋など　Architecture［Arch］
　　船・飛行機など　Travel［Tr］，軍艦・戦車など　War
　　星・太陽など　Astronomy［As］，自然　Nature［Na］

VI. 文　章　型　Sentence Type

文章型の種類		標識
批判（思慮）型	Critical (Discreet) Sentence	C S
断定（言い切り）型	Assertive Sentence	A S
条件型	Conditioned Sentence	Cd S
疑問型	Questioned Sentence	Q S
否定型	Negative Sentence	N S
不完全型	Imperfect Sentence	Imp S
錯雑型	Complicated Sentence	Comp S

　センテンス・タイプ・スコアリング（第VIカテゴリー）は，実施段階での狭義の反応に際しての言語表現の語尾に注目した標識である。被検者の反応に対する取り組みの姿勢は，その言語表現形式に反映される。[2),8)]

① 　批判（思慮）型　Critical (Discreet) Sentence　**C S**
　　【例】○○のように見えます．○○のようです．○○に見えます．○○みたい．
　　　　　○○のよう．○○に似ています．○○のような感じ．
　　　　　○○の形．○○でしょうね．
　成人に最も普通にみられる表現。
　被検者はロールシャッハ図版という漠然図形を見ているのであって，現実に存在するものそのものを見ているのではない。『○○になぞらえて（自分が）見ている』ことに気づいている場合の表現である。自分の表現や反応に対して冷静に客観性を持たせようとする態度の反映と考えられる。

② 　断定（言い切り）型　Assertive Sentence　**A S**
　　【例】○○．○○です．○○や．
　　　　　言い切り型の「○○に見える．」
　児童には普通にみられる，言い切り型の断定的な表現。
　現実に存在するそのものを見た場合には適合した表現であるが，『なぞらえて見ている』ことの気づきは不確実である。児童の場合には現実に存在している外界の事象と，なぞらえて見るという自分の内界での事象との区別に気づいていないとしても普通である。
　しかし成人の場合のASは，なぞらえて見ている内界の事象を，さながら外界に現実として存在するかのように対応している可能性がある。自分の表現や反応に無批判で独善的な態度や，過剰な自信を持った高揚した気分の反映と考えられる場合，もしくは課題に向

かう時間を短くしたい場合，よけいな表現をできるだけ避けるという知性化が働く場合，必要最低限のことだけをする姿勢や，責任を負う負担を少なくしたい願望がある場合，抑うつ気分の強い場合にも生じる。成人の場合のASは，それらの点をプロトコール全体で検討することが必要となる。

③ 条件型　Conditioned Sentence　Cd S
【例】○○に見えますが．○○に見たら見えないこともない．無理に見たら，○○．
こじつけですけど，○○．
何らかの形で，条件づけにしている表現。
自己の表現や反応に対する不全感を，条件を限定することによって補おうとするような表現である。反応に際して，不一致部分を許容するという被検者自身が引き受けるべき仕事を図版条件という外側に置こうとしていると考えられる。

④ 疑問型　Questioned Sentence　Q S
【例】○○ですか．○○じゃないですか．○○でしょう？　○○ではありませんか？
検査者に対する質問になっているような表現。
不全感を課題を提示した検査者の側の問題に位置づけて，その検査者に向けた確認や問いかけをすることによって，その不全感を軽減しようとする姿勢を反映する表現である。

⑤ 否定型　Negative Sentence　N S
【例】○○では，ないですね．○○……，いや違います．
○○でもないし……，△△でもない……
着想が示されながら，否定する表現。
自信のなさを反映している。否定されているので，質疑をしても被検者の実施段階での着想が明らかにならない場合が生じる。その場合には，否定する表現型で着想が示されたことを捉えておくこと以上のことはできない。しかし着想を自分の内部で否定して表現もしない場合に比較すると，否定表現は表現されている分，自分の着想を表現という外へ向かっての操作領域に位置づけて，否定が行われたことになる。自分の着想であるにもかかわらず，自分の着想として扱っていないという過程を捉えておくために，質疑段階で被検者の着想がわかる場合には，このNSの標識を添えて反応としてスコアしておく。

⑥ 不完全型　Imperfect Sentence　Imp S
【例】走っています．喧嘩しています．
文章として不完全な曖昧な表現。
最もよくみられるものは例示のように，主体の明示のない，人間か動物が主体でないと起こり得ない内容が表現される場合である。このような主語の省略は日本語の性質上，生じやすい。反応決定因；内容のスコアはそれぞれCM；Crとなる。（⇒18，38ページ）

⑦ 錯雑型　Complicated Sentence　Comp S
検査者に了解不能の表現。

VI. 文章型　Sentence Type

　くどくどとした長い表現で，まとまりなく，意味のわからないもの。通常は遭遇しない文章型である。被検者が総合の力を失って，着想が活動しているような，主として急性に病理度の深い状態に陥っている場合にみられる。

VII. カードごとの整理

カードごとの整理項目		標　識
所要反応時間	Response Time	T
初発反応時間	Initial Reaction Time	R_1T
カード回転数	Number of Rotation of Card	RC
反応数	Number of Response	R

　カードごとの整理はプロトコールから直接スコアするカテゴリーとしては第Ⅰカテゴリーに位置づけられているが，スコア手順（⇒2ページ）に記したように，各反応ごとの第Ⅱカテゴリーから第Ⅵカテゴリーのスコア化の後に行う。各カードごとのカードへのかかわりの様相を反映する整理項目である。

① **所要反応時間**　Response Time：T
カードごとの実施段階での所要時間。
10枚のカードの所要時間を合計すると総所要反応時間 Total Response Time になる。

② **初発反応時間**　Initial Reaction Time：R_1T
カードが手渡されて，そのカードでの最初の反応が述べられるまでに要した時間。

③ **カード回転数**　Number of Rotation of Card：RC
カードごとのカードを見る方向を回転した回数。最初に提示された正方向（∧）は数えない。

④ **反応数**　Number of Response：R
カードごとの反応数。通常，標識Rと示す場合は総反応数で，10枚のカードの反応数合計である。
　＊　反応産出に失敗したカードや反応拒否カードは総数計算から除く。

Ⅷ. 記　録　表　Scoring Table

①　記録表（Ⅰ）について

　スコアを記入する記録表（Ⅰ）Scoring Table（Ⅰ）は，46～47ページに示すように，51行45列からなる細方形欄と，その上方に第Ⅰカテゴリーの記入欄，左に第Ⅱから第Ⅵカテゴリーまでのカテゴリー別の標識項目と，その集計欄とからなっている。[2),8)]

　これらの欄に記入すれば，各反応のそれぞれのカテゴリーでの位置と様態，反応の出現順序，ならびにプロトコール全体を通しての様相が見通せるようになっている。

②　記録表（Ⅰ）の記入順序

ひとつの反応に51行45列からなる細方形欄の縦1列を与える。
左端の列から始め，第Ⅰカードの第1の反応から反応順に従って右方へ1列ずつ進める。
1)　一本の縦の欄に，各反応のスコアを各カテゴリーごとに相当する箇所に印をつける。
2)　各行の標識項目内の種別・段階分類・特殊型がある場合は，下部欄外の記号を参照して記入する。
3)　反応領域（第Ⅱカテゴリー），反応決定因（第Ⅲカテゴリー），形体水準（第Ⅳカテゴリー）の基礎形体水準，反応内容（第Ⅴカテゴリー），文章型（第Ⅵカテゴリー）では，必ず1箇所を占めることになる。
　　ただし，結合反応の場合には，反応決定因と反応内容において2箇所以上を占める場合がある。そして合成型の反応決定因の反応の場合は，最も適した1箇所を選んで，合成型を適宜記入する。
4)　反応領域（第Ⅱカテゴリー）のSの行，Do，ODの行，形体水準カテゴリーのOrganizationとSpecificationの各行は，それがみられた反応の場合にのみ記入する。Organizationの行は，h，l，d，nの分類記号を記入する。
5)　反応内容（第Ⅴカテゴリー）の反応掲示以外の空白の行は，必要に応じて標識を適宜記入する。
6)　一枚のカードが終われば，第Ⅰカテゴリー欄に，縦に線を入れて区切ってカード番号を入れるとともに，カードごとの所要反応時間T，初発反応時間R_IT，カード回転数RC，反応数Rを記入する。そして次のカードへと移る。
7)　第Ⅹカードの最後の反応のスコア記入の後に，左側の集計欄のTotal欄に実数値の合計を記入する。
8)　その左の％欄に，各標識の反応総数に対する％を記入する。通常，記入する％は，「W．D．d，Dd」，「F」，「F＋，Fpm，F－」，「A＋Ad，H＋Hd」，「CS，AS」である。

③　記録表（Ⅱ）について

　プロトコールからの直接のスコアと記録表（Ⅰ）への記入が，スコア手順の第一段階となる。第二段階ではさらにスコアの集計と整理を行う。48ページの記録表（Ⅱ）Scoring Table（Ⅱ）では，そのための枠組みを例示している。

Scoring

		Total	Card	5	10	15
I-Category	%		T			
			R₁T			
			RC			
			R			
II-Category			W			
			D			
			d			
			Dd			
			S			
			Do,OD			
III-Category			M			
			FM			
			m			
			V			
			F			
			T&Y			
			C'			
			FC			
			CF			
			C/F			
			C			
IV-Category		Organization				
		Specification				
			F+			
			Fpm			
			F−			
			4			
			3			
			2			
			1			
		AQ raw score	0			
			−			
V-Category			A			
			Ad			
			H			
			Hd			
			Plt			
VI-Category			C S			
			A S			
			Cd S			
			Q S			
			N S			
			Imp S			
			Comp S			

W [W = • W⁻ = ○ WS = ◎ (W) = (•) DW = △ DoW = : D'W = ▽]   D [D = • Đ = ○ DS = ◎
S [s, c, w, b, f, u]   V [FV = • VF = ○ V/F = ◎]   T&Y [FY = • YF = ○ Y/F = ◎ Y = △
Organization [h, l, d, n]   Specification [+ = ○ ± = • ∓ = △ − = −]   F+ [10%↑ = • 1〜10% = ○

VIII. 記録表 Scoring Table

Table (I)

Osaka University Scale

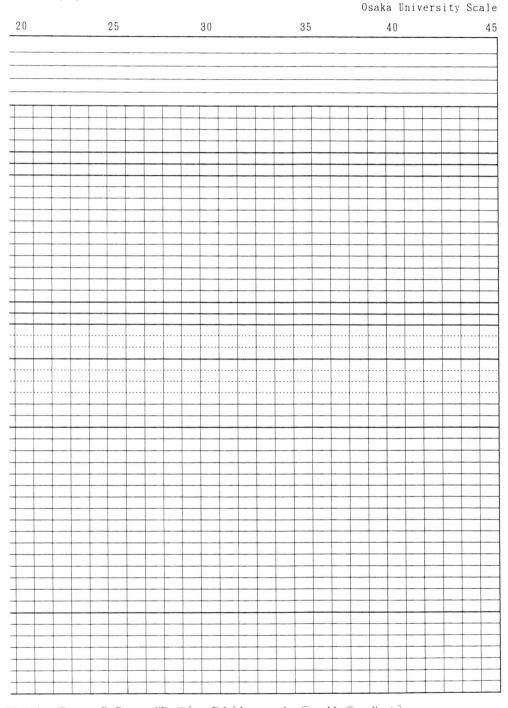

(D)=(・) dD =△ DoD = : d'D =▽] Dd [dr =・ de =○ dd =◎ di =△}
FT =・' TF =○' T/F =◎' T =△'] C' [FC'=・ C'F =○ C'/F =◎ C'=△]
1%↓=◎] dA, dH =○ Aobj, Hobj =◎

Scoring Table (Ⅱ)

1) RT (Av.) = TT/R =   /   =   (Rej. Fail. =   )

2) R_1T (Av.) =   /   =
   R_1T (Av. N.C.) (Ⅰ, Ⅳ, Ⅴ, Ⅵ, Ⅶ) =   /   =
   R_1T (Av. C.C.) (Ⅱ, Ⅲ, Ⅷ, Ⅸ, Ⅹ) =   /   =

card										
R_1T										

3) RC (Av.) =   /10 =
   RC (Av. N.C.) (Ⅰ, Ⅳ, Ⅴ, Ⅵ, Ⅶ) =   /5 =
   RC (Av. C.C.) (Ⅱ, Ⅲ, Ⅷ, Ⅸ, Ⅹ) =   /5 =

4) (Ⅷ－Ⅹ)% = Number of responses to Ⅷ, Ⅸ, Ⅹ/R =   /   =   %

5) Popular % =   /R =   /   =   %
   Organization [h : l : d : n =   :   :   :   ]

6) AQ = $\dfrac{\text{AQ raw score}}{R}$ × 100 = ——————— × 100 =

7) 無彩色カードと色彩カード・全色彩カード別の反応領域と基礎形体水準の整理表

	N. C.			C. C.			Ⅷ－Ⅹ			Total			計	%
	F+	Fpm	F－	F+	Fpm	F－	F+	Fpm	F－	F+	Fpm	F－		
W														
D														
d														
Dd														
計														
%														

Ⅷ. 記録表　Scoring Table

④　記録表（Ⅱ）の解説
1 ）平均所要反応時間：RT(Av.)＝TT/R
　　実施段階の総所要反応時間 TT を反応総数 R で除したもの。
　　反応拒否や反応産出に失敗したカードがあれば，記入する。
2 ）平均初発反応時間：R_1T(Av.)＝各カードの初発反応時間 R_1T の総和を10で除したもの。
　　R_1T(Av.N.C.)
　　　無彩色カード（Ⅰ，Ⅳ，Ⅴ，Ⅵ，Ⅶ）の初発反応時間 R_1T の和を 5 で除したもの。
　　R_1T(Av.C.C.)
　　　色彩カード（Ⅱ，Ⅲ，Ⅷ，Ⅸ，Ⅹ）の初発反応時間 R_1T の和を 5 で除したもの。
　　各カードの初発反応時間 R_1T を長短の順に記入。
3 ）平均カード回転数：RC(Av.)＝総カード回転数 RC を10で除したもの。
　　RC(Av.N.C.)
　　　無彩色カード（Ⅰ，Ⅳ，Ⅴ，Ⅵ，Ⅶ）のカード回転数 RC の和を 5 で除したもの。
　　RC(Av.C.C.)
　　　色彩カード（Ⅱ，Ⅲ，Ⅷ，Ⅸ，Ⅹ）のカード回転数 RC の和を 5 で除したもの。
4 ）（Ⅷ－Ⅹ）％
　　Ⅷ・Ⅸ・Ⅹカードの反応数合計の総反応数 R に対する百分比。
5 ）Popular ％　ポピュラー反応数合計の総反応数 R に対する百分比。
　　Org. h，Org. l，Org. d，Org. n ごとの集計。
6 ）$AQ = \dfrac{AQ\ raw\ score}{R} \times 100$
7 ）無彩色カードと色彩カード・全色彩カード別の反応領域と基礎形体水準の整理表

＊　反応拒否や反応産出に失敗したカードがある場合はその枚数を減算する。

Ⅸ．事例とスコア例

事例Aのプロトコールとスコア例

事例Aは中年女性である。身体的訴えがあり，内科に入院したが身体的異常は発見されず，不安神経症が疑われて精神科に判断が求められて，この検査は実施されている。

スコア例は《Location：Determinant：Form Level (BFL, Specification, Organization, Rating)：Content：Sentence Type》の順に記入している。

「〜？」は検査者の質問である。

[プロトコール]

Ⅰカード

（3″）①ちょっと，蝶々みたいにも見えます。②コウモリみたいにも見えますしね．そんなもんですね．C.R.Imp. ＞∨ わからないわ．∧ わかりませんね．（58″）

Inq.①羽ひろげたみたい．「？」ここが［$D_3 \times 2$］，羽があって，そない言われるとわからん．パッと見た感じが． 　　　　　　　　　　　《W：F：＋p，，，1：A：CS》

②そういう感じに見えただけで，どうしてと言われても，わかりません．パッと見た感じで．「羽は？」こんな羽とちがいますの［$D_3 \times 2$］？　よう知りませんけど．
　　　　　　　　　　　　　　　　　　　　　　　　　《W：F：＋p，，，1：A：CS》

Ⅱカード

これは何に見えるかしらね．さあ〜何に見えるかしら，（28″）①この上のこれ，ヒヨコみたいに見えるけどね．＜∧＞∧ わかりません．最前のとよう似たのやけどね．②蝶々に，でもここに赤いのがあるでしょ．わからないといけないんですか？（1′40″）

Inq.①［D_3］足が出てるでしょ［D_3下方の突起］，それだけのことですけど．嘴がないから，ヒヨコじゃないやろけど，そう感じただけで．　《D：F：＋，，，1：A：CS》

②そうですか？　よく似た感じやね．皆，［D_1］パッとひろげた感じ．蝶々やないやろけどね． 　　　　　　　　　　　　　　　　《D：F：＋，，，1：A：Imp S》

Ⅲカード

（3″）①これは人間が何かしてるとこみたいですね．そんなようなもんと違いますか？　＜ わからないわ．（46″）

Inq.①顔，腰曲げて，だけど，ここ［D_6とD_4の間］はずれているから，人間か，どうか，わかりませんけど，そう見えたんです．「何かしてる？」さあ〜何してるんでしょうね．「男？　女？」さあ，男みたいでもあるし，女みたいでもあるけれど．
　　　　　　　　　　　　　　　　　　　　　　《D：M：＋p,±，，1：H：CS》

Ⅳカード

（5″）これは，全然わからないね．全然わかりません．Imp.（40″）①なんか，こう，

−50−

なんかの皮はいだみたいなね，よう，ありますね，毛の，座る，あ～いう．それぐらいのもんですね．（1′00″）
Inq.①ようね，映画なんかで，座るので，皮で，ようでてきますね．ここいら辺が［濃淡］，「頭，足は？」この辺が［d_1］頭じゃないですか？　よう知りませんけど，これかな［D_1］，下か，上か，知りません，わかりません．
《W：FT：+p,±,,1：Pelt：CS》

Ⅴカード
（5″）これ何かしら，①最初の蝶々に似てるけど，ちょっと違うね．わかりません．（55″）
Inq.①［W］蝶々じゃないね，蝶々なら，もっと広い．こういうのも，あるかもしれないけど．　　　　《W：F：+p,,,1：A：NS》

Ⅵカード
（5″）むつかしい絵ばかりやね．わかりませんね．（38″）

Ⅶカード
（9″）さあ～何やろ，何かね，これ．（43″）①ニワトリが重なって，ずーっと．（1′00″）
Inq.①尾がないから［D_3内側下方］，見えないけど，これは［D_6］，何かわからない．「尾のほかは，どうなっているの？」この辺［D_3］の感じでニワトリに．嘴ないし［d_2先端］，足［D_3，D_4の接合部］．「重なってとは？」［D_4］よく似てるけどね．ちょっと違いますね，嘴がないけど［d_3先端］．　《W：F：+,±,n,1：A：Imp S》

Ⅷカード
だんだん難しくなってくる，＞これは，こう見てもいいんですか？（34″）①これは，なんかの犬か，なんかが上がってるみたいな．両方ね，そんなもんです．わかりません．（1′00″）
Inq.①いや，わかりません．［D_1］この辺の感じでね．でも，尾っぽがないから，犬とは感じませんわね．　　　《D：FM：+p,±,n,1：A：CS》

Ⅸカード
（2″）これは全然わかりませんね．これは，わかりません．（28″）

Ⅹカード
さあ～全体の感じだったら，わかりませんね．（30″）①なんか，これとこれ，甲虫の感じと違いますか，その他のことはわかりません．（52″）
Inq.①［D_1×2］ギザギザなんか出たとこ，横から見てですよ．これだけですよ，ハッキリ知らないけど，いっぱい，足なんか出てるでしょ．
《D：F：−1,±,n,−：A：QS》

事例AのScoring Table（I）記入例

		Total	Card	I	II	III	IV	V	VI	VII	VIII	IX	X
I Category		9′17″	T	58″	100″	46″	60″	55″	38″	60″	60″	28″	52″
		91″+95″	R₁T	3″	28″	3″	40″	5″	/	43″	34″		30″
		3+6	RC	3	4	1	0	0	0	0	1	0	0
	%	10	R	2	2	1	1	1	0	1	1	0	1
II Category	50	5	W	·	·			·	·	·			
	50	5	D			·	·	·			·		·
		0	d										
		0	Dd										
			S										
			Do,OD										
III Category		1	M			·							
		1	FM								·		
			m										
			V										
	70	7	F	·	·	·	·		·	·		·	
		1	T & Y				·′						
			C′										
			FC										
			CF										
			C/F										
			C										
IV Category			Organization							n	n		n
			Specification			·	·			·	·		·
	90	9	F +	·	·	○	○	·	·	○	·		·
	0	0	Fpm										
	10	1	F −								−1		
			4										
			3										
			2										
		9	1	·	·	·	·	·	·	·	·		·
	AQ raw score		0										
		90	−										·
V Category	80	8	A	·	·	·	·		·	·	·		·
			Ad										
	10	1	H			·							
			Hd										
			Plt										
		1	Pelt				·						
VI Category	70	7	C S	·	·	·		·	·		·		·
	0	0	A S										
			Cd S										
			Q S										
		1	N S					·					
		2	Imp S			·				·			
			Comp S										

FT = ·′ Specification [± = ·] F + [10%↑ = · 1～10% = ○ 1%↓ = ◎]

X．実　施　法

1．実施に際しての準備

(1) 準備するもの
① スイス原版（国際版）のロールシャッハ図版：10枚1組
② ロールシャッハ記録用紙：ロケーション・チャートが印刷されたもの
③ 計時用具：ストップ・ウォッチ，または秒針つき腕時計
④ 筆記用具

(2) 場所空間
① 明るく静かな個室
② 被検者と検査者の位置：机を角にして90°の角度に座る場合，向かい合って座る場合，など
③ （これから提示する）ロールシャッハ図版：第Ⅰカードを裏向きに一番上にし，順に10枚のカードを裏返して積んでおく。そして被検者が反応し終わったカードも順に裏返しに積み重ねる。

(3) 実施前の配慮
被検者はテストを受けることに不安や不信を抱きやすいので，落ち着いてテストに取り組めるように心がけ，緊張を和らげるように配慮する。そしてテスト目的とテスト結果が誰に報告されるか，などをあらかじめ適宜，説明することも必要である。

2．テストの実施

(1) テストの進め方の説明　Instruction
Instructionの内容はテスト課題が「漠然図形を見て，似ていると思いつくものを答える」ことであることが被検者に伝わるように工夫する。

【例】『インクを紙の上に落として，折って開けると，漠然とした左右対称のインクのしみができます。そのようにしてできた絵は見ようと思えば，何かに見ることができます。ここに，そのような絵のカードが10枚あります。これから順に1枚ずつ，お見せしますから，それが何に見えるか，何に似ているか，話してください。偶然にできた絵ですから，何に見えても，正しい答えであるとか，間違った答えであるとかということはありません。カードを回して，いろんな方向から見ていただいても結構です。』

漠然図形を見て何に似ていると思うかを答えていくというテストの受け方を被検者が理解したようであれば，『これは何に見えますか？』と言いながら，第Ⅰカードを（被検者

から見て）正方向（∧）から手渡し，同時に計時を開始する．被検者には，カードを手に持って見るように促す．

⑵ 実施段階　Performance proper, Test proper
実施段階では検査者は，被検者が第Ⅱカードまでで，このテストで求められている方法を理解し，第Ⅲカード以降は自由に反応することができるようにする．そして検査者は被検者の反応を記録する．なお，この段階のことを自由反応段階という場合もある．

① 第Ⅰカードおよび第Ⅱカードで，ひとつだけ答えを出してカードを置き，それで反応を終えようとする場合には，『ほかに何か見えませんか？　もう少し見て下さい』とか，『カードを回して見てもいいですよ』というように促してみる．

＊　前者の場合は Imp.(Impel)，後者の場合は C. R. Imp.(Card Rotate Impel) と記録する．

② 不答：Rejection もしくは Failure の場合

　　ひとつも反応を出さないでカードを終わろうとする場合や，カードを見ているようでも反応がなかなか出ない場合，『何か似たものが，ありませんか？』とか，『正しい答えというものはないですよ』などと Impel をしてみる．それでも反応が得られない場合は次のカードに移る．

③ 反応を多く出し過ぎる場合は，『数多く答える必要はないですよ』と柔らかく制限するほうがよい．

④ 次のカードに移る時期：2〜3個，もしくは数個の答えを出して，被検者が「もう，ありません」とか「それくらいです」と言えば，そのカードを終了し所要時間を記録して，そのカードを裏返しにして置いておく．そして次のカードを『これは，どうですか？』とか，『これは？』と，軽く言葉を添えて，正方向（∧）から手渡し，同時にそのカードの計時を始める．

　　また数個の答えを出して，被検者が態度でもう反応がない様子を示す場合は，検査者が『もうありませんか？』と質問して，終了を確認する．

⑤ 反応を誘発するような暗示的言動は避ける．

⑥ 被検者の質問：質問内容にもよるが Instruction を部分的に繰り返したり，臨機応変に対応する．たとえば，「全体で答えるのですか？　部分で答えてもいいんですか？」と聞かれたら，『あなたのお好きなように』『どちらでも結構です』などと応じる．「感じを言うんですか？　感じでもいいんですか？」という質問には，『何に見えるか，何に似ていると思うかを答えて下さい』というように Instruction を繰り返す．

⑦ 被検者が，検査者の記録に気をとられ，検査者が書き終わるのを待ったりする場合は『それから』と軽く言ってカードを見ることに集中させる．そして『あなたの答えを忘れないように記録しているだけですから，私が書いていることや時間を計っていることはあまり気にしないで下さい』というようにも説明してみる．逆に，検査者が記録しきれないほど早く反応する場合は『もう少しゆっくり答えて下さい』と伝える．

⑧ 被検者が自由連想を始めた場合：ひとつの答えから，同じようなものを次々と連想していくことがある．たとえば，「鳥」と答え，それから「カラス，ワシ，スズメ，ニワトリ，フクロウ」などと自由連想をしだした時は，視線がカードから離れることが普通である．そのような時には『そうですね．では，またカードを見て下さい．も

うほかにはありませんか？』と Impel する．カードに戻らないようであれば，次のカードに移る．

⑨　幼児や高齢者にテストする場合：Instruction は，たとえば『これから，面白い絵を見ましょう．何かに見ようと思えば見えてきますから，よく見て何に見えるか，言ってください』とわかりやすくする．なお次の項で述べる質疑段階/Inquiry で，自分の実施段階での反応を忘れてしまう可能性がある場合は，『どちらを向いていますか？』というような質問を実施段階中にして，大体の Location の確認をしておく．そして『それから？』と次の反応を促し，第Xカードまでの実施段階を終えてから，質疑段階ではその反応内容と Location を言い添えながら質疑を行ってみる．

(3)　質疑段階　Inquiry

Inquiry では，実施段階での反応について，その領域［Location］とそれがそのように意味づけられた理由［Determinant mode of perception］を確かめる．なお，この段階のことを質問段階という場合もあり，また（質疑）とか Inq. と略記される．実施段階と同様に，この Inquiry においても検査者は，暗示的な言動や誘導尋問になるようなことは避けなければならない．

Xカードまでの実施段階が終れば，Iカードを一番下にして裏返しに順に積み重ねられている10枚の図版を，テストの初めの時と同様に，Iカードが一番上になるように順に並べ直して裏返しで積み重ねる．そして

『10枚のカードを見て，いろいろ答えていただきましたが，もう一度最初のカードから見ていただいて，今度は私の方から質問しますので答えてください』と言って，質疑段階に入る．第Iカードを正方向（∧）で被検者に見せながら，

【例】(a)『このカードでは，まず，○○○のように見えた（過去形）のですね．それは，どうなっているのですか？』と質問して，被検者が答えた通りに記録する．ついで，

【例】(b)『なぜ，そう思いましたか？』と質問し，同様に答えた通りに記録して，次の反応，さらに次のカードへと移っていく．

なお(a)は，Location と自発的な反応の説明を得ることを期待した質問であり，(b)は，Determinant を知ることを期待した質問である．被検者が要領をのみ込んでくると，簡潔に『○○○はどうですか？』と質問し，必要に応じて(b)を用いる．

①　Location や細部の様態などが充分に把握できない場合，『○○○と言われたけど，どっちを向いてるの？』という質問が効果的なことがある．検査者が知らない反応については，『○○○はどういう意味？』『どんなもの？』と問いかけたり，被検者に略画を描いてもらってもよい．

②　Inquiry が不可能であったり，スコアしにくい場合，そのこと自体も被検者の特徴であるから，スコアをするための無理な質問をする必要はない．

③　実施段階時に言わなかった反応を質疑段階で新たに答える場合がある．それはその通りに Inquiry の欄に記入して，上記と同様の質問をし，反応数は付加反応（Additional response)として別に数えてスコアする．

④　Inquiry は Retest としての性質があるから，解釈では実施段階で表現されたもの

を重視する。実施段階での反応と，質疑段階での説明応答とにズレがあると思われる場合は，継時性の問題を検討することになる。（⇒19ページ，30ページ）

(4) 限界吟味段階　Testing the Limits

Inquiry が済んでから，Testing the Limits を行うことがある。この段階は，それまでに得られなかったデータを補うためのものである。被検者が自発的に表明していない Location や細部の様態についての，検査者からの示唆をどのように受容し，また自分の認知をどのように変容させるかを吟味する方法である。今後，Retest の予定のある被検者には，Testing the Limits はしないほうがよい。

その他，Like card と Dislike card に分け，最も好きなカードと最も嫌いなカードを選択して，その理由を聞いてみたり，Father image card, Mother image card, Self image card を問うてみることも解釈の参考になる。

3．記載事項

(1) テスト状況

『誰に，誰が，いつ，どこで，どんな条件で，何のために』といったテスト状況を記録する。57ページに例示するような，被検者の氏名，年齢，性別，学歴，職業，テストの日時，場所，テスト目的などの記入欄がある記録用紙の表紙に記入する。

(2) 実施段階と質疑段階において必ず記録すべき事項

① 反応（Response）と初発反応時間（Initial Reaction Time：R_1T）：たとえば，カードを手渡されたままの正方向（∧）の位置から，38″で，初めて「コウモリのようです」と答えたとすれば，［∧（38″）①コウモリのようです］というように記録する。
　各カードで，第1番目の反応が出た時間が初発反応時間であり，必ず記録する。カードを受け取って，直ちに答えた場合は Imd.(Immediately) と記入する（初発反応時間は1″と計算する）。そして各カードで，2番目の反応以降の反応時間は，余裕があれば記録し，30″，1′，1′30″と時間の区切りを記入しておくとよい。（⇒44ページ）

② 各カードの所要時間：各カードで反応が終わったことがわかれば，そのカードの所要時間を記入する。これを所要反応時間（Response Time）という。（⇒44ページ）

③ カードの回転とその方向：被検者がカードを回転すれば，逆方向の場合は（∨），両横位置の場合は，左なら（＜），右なら（＞）と記入する。最初は正方向（∧）で手渡されるのであるから，これをとくに記録する必要はない。短時間にカードをクルクル回す場合は記録としてわかるように◎と渦巻きを書いておく。

(3) できるだけ記録すべき事項

① 反応（Response）以外の，擬音などの言語反応（verbal reaction）もすべてそのまま継時的に記入する。実施段階や質疑段階においても，判断の根拠を説明する場合は，被検者が重要だと思っているものの順に述べやすいから，被検者の答えた通りの

X. 実施法

Rorschach Test : Recording Sheet

氏 名	ID　　　　　　　　　　男性　女性	生年月日　　　年　月　日　　年　齢　　　　歳　　ヵ月
学 歴　　　　　　学校　　卒中　　　　　　　学部　学年　在　退	職 業	
実施日　　　　年　月　日（　曜）　回　　検査者	実施場所	
テスト目的		
主 訴		
Clinical Symptoms:Clinical Diagnosis		
Self Image		
他の心理テスト	感想 like card dislike card	
テスト時の態度 その他		

大阪大学

順序で記録する。そして検査者がテスト中に発言した内容も同様に記入する。
② 言語反応以外の態度，gesture，顔つき，rapport の程度，反応速度なども記録する。たとえば，Location の説明において，ブロットの輪郭線を指でたどって説明するのか，ただブロットを指さすだけの説明なのか，などを記入する。smile, laugh, yawn, sigh などの種々の反応を具体的に記入する必要があるが，次のような略号を用いてもよい。

  C. C.(Coverd Card)：カードを手で押さえたり，ブロットを色々に区切ってみる。
  Edg.(Edging)：普通の位置でなく，カードの隅角から見たり，カードを透かすように見たりする。
  W. R.(Withdrawal)：カードを見ることを中断して，天井を見たり，窓外を見たりする。
  Ex.(Exclamation)：一段と声を高めて答える。
  E. E.(Emotional Expression)：「なんてまあ，キレイな絵なんですこと」とか，批判的に「気味の悪い絵ですね」などといった，情緒的反応。

③ テスト前やテスト時の様子とテスト後の内省
被検者がどのような心理状態でテストを受け，テストをどのように感じたのかの感想，身体条件などを具体的に記録する。

資　　料

* 普通部分反応　usual detail の領域指定図について
  D のロケーション番号は I，II，III，IV，V……と表示
  d のロケーション番号は 1，2，3，4，5……と表示

* 阪大法のロケーション番号は児童の出現頻度順に拠っている。[2),17)]
  出現頻度欄の数字は児童584名，成人339名の，そのカードの反応総数に対する百分比。
  阪大法の右側に片口法[4)]，名大法[3)]，Klopfer 法[5)]，Exner 法[12)]でのロケーション番号の一部を表示している。

* F＋例について
  各ロケーションでの，基礎形体水準 Basic Form Level (BFL)判定において良形体反応 F＋と判定される可能性の高いIVクラスとVクラスの基礎形体条件の反応概念を例示。

* F＋例の反応概念および基礎形体水準判定基準表のロケーション番号の下線は，成人と児童における反応の出現頻度の段階分類を示している。
  ○○○　10人に1回以上の出現頻度のF＋：ポピュラー反応　Popular response　＋p
  ○○○　100人に2〜9回程度の出現頻度のF＋：中間頻度の反応　＋
  ○○○　100人に1回以下の出現頻度のF＋：オリジナル反応　Original response　＋o

  成人と児童とで出現頻度を異にする場合，頻度の多い方を採用し，多い方の下線に矢印を付している。左側を児童，右側を成人として，
  【例】⇐：児童でポピュラー反応，成人で中間頻度の反応
  　　　→：成人で中間頻度の反応，児童でオリジナル反応

* 特に，カードの方向を指定する場合に，
  ∧（正方向）　∨（逆方向）　＞（右または左横方向）の記号を付している。

[Ⅰカード]

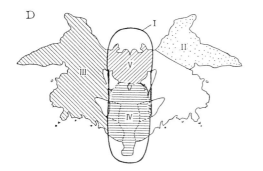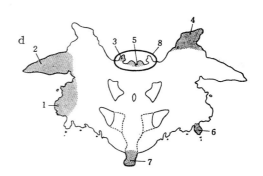

出現頻度		阪大法	片口法	名大法	Klopfer	Exner	
成人	児童						
60.3	41.7	W	W	W	W	W	*阪大法のロケーション番号で注釈する
6.9	5.1	D Ⅰ	D_1	D_1	D_1 [1]	D_4	*空欄部分は必然的に Dd (unusual detail) になる
3.5	5.0	D Ⅱ	D_3	D_4	D_5	D_7	1) D Ⅳの明灰色部を含むときと，含まないときとがある
3.5	4.3	D Ⅲ	D_2	D_3	D_2	D_2	
2.8	1.6	D Ⅳ	D_4	D_6	D_4	Dd_{24}	
	1.4	D Ⅴ		D_5	D_6	Dd_{21}	
2.3	6.5	d_1	d_2	d_3	d_2	Dd_{35}	
1.7	5.7	d_2	d_4	d_5	d_1	Dd_{34}	
1.9	5.6	d_3	d_3	d_1	d_3	D_1	
2.9	4.2	d_4	d_1	d_2	d_4	Dd_{28}	
1.5	2.3	d_5	d_5	d_4	d_5	Dd_{22}	
0.5	2.3	d_6		Dd_4	d_7	Dd_{33}	
0.6	2.2	d_7			d_6	Dd_{31}	
	1.6	d_8					
			D_5	D_7	D_3	D_3	D Ⅳの明灰色部を除いた部分（D Ⅳ中心部）
				D_2		Dd_{40}	上方1/3の領域

資　　料

［ I カード：F＋例］

W

　　コウモリ　　蝶，蛾　　鳥　　動物の顔　　鬼（悪魔）の顔　　人間，類人間の面　　骨盤　　王冠-∨
　　兜-∨　　帽子-∨　　勲章，ワッペン　　カニ　　家-∨　　塔-∨　　灯籠-∨　　電気の笠-∨　　香炉
　　花　　ヤツデ，カエデの葉

D

D Ⅰ　　人間　　人間の胴体　　甲虫類　　胸骨　　服，着物　　ザリガニ
D Ⅱ　　動物の頭　　鳥　　鳥の羽
D Ⅲ　　人間　　動物-∧，動物->　　鳥-∧，鳥（戯画化）-∨　　オコゼ
D Ⅳ　　人間の下半身　　人間-∨　　亀-∨　　優勝カップ-∨　　釣鐘-∨
D Ⅴ　　動物の顔　　王冠　　兜

d

　d₁　　人間　　鳥　　人間の顔-∨　　鬼（悪魔）の顔-∨　　動物の頭
　d₂　　動物->　　茂みのある木->　　帆　　傘の上部
　d₃　　人間の手　　カニの爪　　鳥の足　　鳥の嘴　　カエルの上半身　　ハサミ，ペンチ　　槍先，矢先
　d₄　　動物の頭　　靴
　d₅　　昆虫の眼　　ラクダの背　　肛門
　d₆　　人間の頭-∨　　動物の頭-∨　　動物-∨　　茂みのある木-∨
　d₇　　鳥の頭　　富士山　　啃子
　d₈　　クモの口

Dd

　dr　　（DⅠを中心）肋骨　　（DⅠの内部）人間-∨　　（DⅣの内部）人間の足

[Ⅱカード]

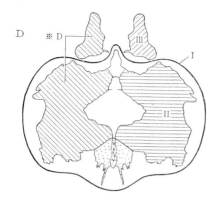
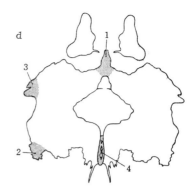

出現頻度		阪大法	片口法	名大法	Klopfer	Exner	
成人	児童						
21.9	7.8	W	W	W	W	W	
11.1	14.8	D Ⅰ		D_2		D_6	
19.4	14.6	D Ⅱ 1)	D_1	D_1	D_3	D_1	1) d_1の半分および D Ⅳ の半分を伴うことも伴わないこともある
8.8	14.0	D Ⅲ	D_3	D_3	D_2	D_2	2) 黒と赤のまざった部分を含むときと，含まないときとがある
12.9	10.1	D Ⅳ	D_2	D_4	D_1 2)	D_3	3) 外側の灰色部を含むときと含まないときとがある
7.8	9.3	d_1	d_1	d_1	d_1 3)	D_4	
0.5	4.0	d_2		Dd_3	d_2	Dd_{22}	
0.7	3.8	d_3		d_2	d_4	Dd_{31}	
	2.0	d_4		Dd_5		Dd_{24}	
		※ D	D	D_8			D Ⅱ ＋ D Ⅲ を特に D として取り扱う
		S ＝ D		DS_5		DS_5	D Ⅰ 中央の空白部を特に D として取り扱う
				D_7	D_4	Dd_{21}	D Ⅱ の上方1/3の領域
				Dd_4	d_3	Dd_{23}	d_2 に隣接した底部の突出部
				DS_6			d_1 ＋ D Ⅰ 中央の空白部＋ D Ⅳ

[Ⅱカード：F＋例]

W

人間二人-∧　人間二人-∨　動物二匹->　動物二匹-∧　象二匹->　蝶，蛾-∨

D

D Ⅰ　蝶，蛾-∧，-∨　鳥　骨盤　肺（および気管）
D Ⅱ　人間-∨　動物-∧　動物->，∨　動物の頭（上半身）-∧　オットセイ
　　　四国，オーストラリアの地図->
D Ⅲ　人間　人間の足　鳥　首長の鳥　オットセイ　巻貝　胃　心臓　靴下　靴
　　　ソフトクリーム
D Ⅳ　蝶，蛾-∧，-∨　鬼（悪魔）の顔-∨　エビの頭-∨　ザリガニの頭-∨　カニ-∨
　　　女性器　爆発-∧，-∨　花火（単数）　太陽　花　カブトガニ
※D ［D Ⅲ＋D Ⅱ］　人間-∧　人間-∨　動物->　動物-∧　象->
S　案山子　鳥　カレイ，フグ　イカの頭（俗称）　花-∨　茂みのある木
　　イチョウの葉　家　屋根　飛行機　電球　電気の笠　傘　コマ

d

d₁　鳥の嘴　イカ　カニの爪　家　灯台　塔　帽子　ローソク　男性器　傘の上部
　　槍先，矢先　ハサミ，ペンチ　ペン先
d₂　人間の頭-∨　動物の頭-∨　牛，ヤギの頭-∨　鳥の頭-∨
d₃　魚の頭
d₄　槍，矢　ハサミ，ペンチ

Dd

dr　（d₁の下部）橋

[Ⅲカード]

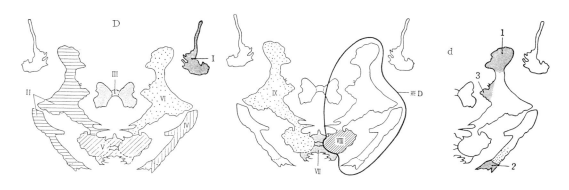

出現頻度		阪大法	片口法	名大法	Klopfer	Exner	
成人	児童						
32.5	15.6	W[1]	W[1], D	W, D_3	W[1]	W, D_1	1) W(すべての灰色領域)を含む
16.4	12.3	D Ⅰ	D_1	D_2	D_2[2]	D_2	2) 尾のような部分を含まないときもある
10.5	11.5	D Ⅱ[3]	D_2	D_1	D_8	D_9	3) D Ⅱ＋D Ⅷを特にDとして取り扱う ※D
10.5	11.4	D Ⅲ	D_3	D_4	D_1	D_3	
8.2	8.8	D Ⅳ	D_4[4]	D_5	D_5	D_5	4) d_2が欠けていることもある
7.1	6.7	D Ⅴ	D_5	D_6	D_3	D_7	5) d_1が欠けていることもある
3.8	5.4	D Ⅵ[5]	D_6	D_7	D_6	Dd_{34}	6) D Ⅳの下半分を含むことも含まないこともある
	3.1	D Ⅶ		D_{10}	D_9	D_8	
2.8	2.9	D Ⅷ	D_7	D_8	D_4	Dd_{31}	
1.7	1.8	D Ⅸ	D_8				
1.4	4.4	d_1	d_1	d_1	d_2	Dd_{32}	
1.0	3.6	d_2[6]	d_2	d_2	d_1[6]	Dd_{33}	
0.8	2.0	d_3				Dd_{27}	
		D Ⅵ[5]		D_9	D_7	Dd_{22}	d_1が欠けている場合
				d_3	d_3	Dd_{21}	D Ⅵの横，外側に出っ張った部分
				DdS_1			D Ⅷ，D Ⅳ，D Ⅵに囲まれた空白部分
				DdS_2		DdS_{24}	D Ⅵの両方に囲まれた空白部分

[IIIカード：F＋例]

W（すべての灰色領域）

　　人間，類人間の上半身-∨　　昆虫の上半身-∨　　カエルの上半身-∨　　ザリガニの頭-∨
　　骨盤，花瓶　火鉢　家-∨　門-∨　（W/2）人間-∨

D
- D Ⅰ　　人間-∨　カッパ-∨　動物->　鳥　尾に特徴のある鳥　タツノオトシゴ，火の玉，杖-∨
- D Ⅱ　　人間　カッパ　天狗　動物　鳥
- D Ⅲ　　リボン，蝶ネクタイ　蝶，蛾　メガネ　門-∧，-∨　橋
- D Ⅳ　　人間の足　人間の手-∨　鳥の足　鳥　鯛，金魚などの魚　木の根　木の枝　鹿の角
- D Ⅴ　　蝶，蛾　コウモリ　カニ　骨盤，花瓶　ハボタン　籠　火鉢　蝶番
- D Ⅵ　　（−d_1）鳥　（−d_1）飛行機
- D Ⅶ　　ザリガニ-∨　瓶
- D Ⅷ　　人間の頭-∧，-∨　動物　胃
- D Ⅸ　　人間-∧，∨
- ※D　[D Ⅸ＋D Ⅳ]　人間-∧，∨

d
- d_1　鯛，金魚などの魚
- d_2　靴　鳥の嘴
- d_3　動物の頭-∧，-∨

Dd
- dr　（D Ⅲ/2）カイコ，青虫などの虫　（D Ⅲ/2）花->　（D Ⅶ上部）人間　（D Ⅰ上部）ヘビ

[Ⅳカード]

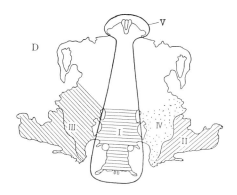
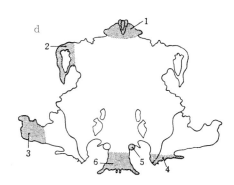

出現頻度		阪大法	片口法	名大法	Klopfer	Exner
成人	児童					
31.5	18.1	W	W	W	W	W
26.8	18.1	D Ⅰ	D_1	D_1	D_1	D_1
6.0	7.1	D Ⅱ	D_2	D_4	D_3	D_2
3.9	2.5	D Ⅲ	D_3	D_3 1)	D_2 1)	D_6
1.9	1.7	D Ⅳ		D_5	D_5	Dd_{31}
2.4	1.0	D Ⅴ	D_4	D_2	D_4 2)	D_5
5.7	10.4	d_1	d_1	d_1	d_2 3)	D_3
4.7	9.7	d_2	d_2 4)	d_2	d_1 4)	D_4
1.6	4.6	d_3	d_3	d_3	d_3	Dd_{32}
	1.9	d_4				
0.5	1.7	d_5				
0.5	1.6	d_6			d_4	

1) 上方側部を含むときもある
2) d_1 を含まないときもある
3) 隣接の濃淡部分を含むときもある
4) 隣接の小部分を含むときもある

資　　料

[Ⅳカード：F＋例]

W
　　コウモリ-∧, -∨　蝶, 蛾-∧, -∨　鳥-∧, -∨　動物の毛皮　動物　ムササビ
　　人間　類人間(怪獣など)　王冠-∧, -∨　服, 着物　勲章, ワッペン-∧, -∨
　　亀-∧, -∨　茂みのある木　ワカメ, コンブ　灯籠

D
DⅠ　動物の頭-∧, -∨　牛, ヤギの頭-∨　カタツムリの頭-∨　エビの頭-∨　ワニの頭-∨
　　　魚の頭-∧, -∨　鯉, ナマズの頭-∨　切り株　城-∨
DⅡ　人間の上半身->　人間の足　動物->　動物-∧, -∨　動物の頭　リス->
　　　オットセイ->　靴
DⅢ　動物の足　靴　人間の足　動物の頭
DⅣ　人間-∨　鳥-∨　オットセイ-∨
DⅤ　カイコ, 青虫などの虫-∧, -∨　鯉, ナマズ-∨　竜-∨　エビ-∨

d
d₁　人間の顔　蝶, 蛾　イカの頭（俗称）　花　兜　帽子　勲章, ワッペン　菊の葉
　　イチョウの葉
d₂　鳥の頭　首長の鳥の頭　人間　人間の手　カイコ, 青虫などの虫　ヘビ　帽子->
　　象の頭
d₃　人間->　人間の頭　亀　動物の頭　鳥の頭
d₄
d₅
d₆　切り株　船-∨　王冠-∨　植木鉢-∨

[Vカード]

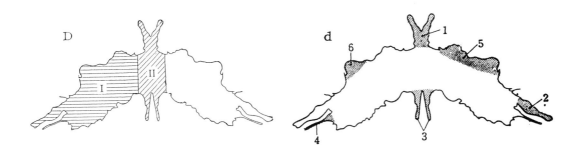

出現頻度		阪大法	片口法	名大法	Klopfer	Exner	
成人	児童						
58.7	42.4	W	W	W	W	W	1) d_2 が欠けていることもある
4.5	5.3	DⅠ[1)]	D_1	D_1	D_1[1)]	D_4	2) 最上部の突出部分を含むときと含まないときとがある
1.6	3.7	DⅡ	D_2	D_2	D_2	D_7	3) d_4 を伴うこともある
7.9	11.8	d_1	d_1	d_2	d_3[2)]	D_6	
7.2	10.1	d_2[3)]	d_2	d_1	d_2	D_1	
3.9	6.6	d_3	d_3	d_3	d_1	D_9	
0.8	5.5	d_4		d_7		Dd_{22}	
1.1	2.8	d_5	d_5	d_4		Dd_{35}	
1.1	2.5	d_6	d_4	Dd_3	d_4		
				d_5		Dd_{34}	d_1 の突出部分
				d_6		Dd_{33}	d_5 から d_6 を除いた部分
				Dd_2		Dd_{31}	d_1 の突出部分の片方

[Vカード：F＋例]

W
 蝶，蛾-∧，-∨ コウモリ-∧ コウモリ-∨ 鳥-∧，-∨ 二羽の鳥-∨ 花-∨
 飛行機 ハンググライダー ローソク立て-∨

W (−d_1, −d_3)人間-> 付け髭 ブーメラン

D
D I 人間 人間の頭->
D II 人間 鬼(悪魔) 動物 ウサギ

d
 d_1 人間の下半身 鬼(悪魔)の顔 動物の頭 鳥の頭-> カタツムリの頭 ワニの頭->
  カニの爪 ハサミ，ペンチ 王冠
 d_2 人間の手 人間の足 ワニの頭 動物の足
 d_3 ハサミ，ペンチ，ピンセット 鳥の嘴-> 二羽の首長の鳥の頭-> 動物の足 鳥の足
 d_4 ヘビ 杖
 d_5 ラクダの背
 d_6 動物の頭 魚の頭

Dd
 dr (d_1下半分)人間の頭
 dd (d_2付着部の小突起)木の枝

[VIカード]

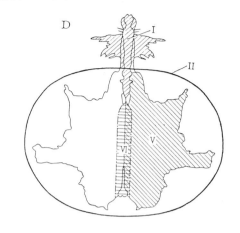
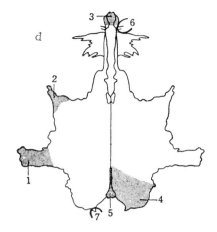
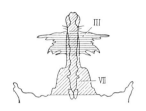
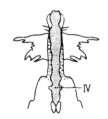

出現頻度		阪大法	片口法	名大法	Klopfer	Exner	
成人	児童						
25.5	21.9	W	W	W	W	W	
15.8	15.9	D I [1]	D_1	D_1	D_2	D_3	1) ときにD IIの最上部の灰白色の部分を伴うことがある
6.4	5.9	D II	W, D	D_2	D_1 [2]	D_1	2) 全体, あるいはいずれか半分
2.1	4.6	D III [2]		D_5	D_8	D_5	Dd_{22}	3) ときに外側の灰白色のわずかな部分を伴うこともある
8.2	3.3	D IV [3]	D_2	D_4	D_3	D_2	4) d_6を含むときと含まないときとがある
6.9	3.0	D V	D_3	D_5	D_1	D_4	
0.7	2.9	D VI				D_{12}	
2.9	1.3	D VII	D_4			D_8	
6.6	9.9	d_1	d_1	d_2	d_2 [4]	Dd_{24}	
1.7	4.7	d_2	d_4	d_7		Dd_{25}	
3.5	4.1	d_3	d_2	d_1	d_1	Dd_{23}	
1.7	3.6	d_4					
2.7	2.9	d_5	d_3	d_3	d_4	Dd_{27}	
	1.9	d_6		d_5		Dd_{26}	
		d_7		d_4		Dd_{21}	
				d_6	d_3	Dd_{32}	2個の内部の明灰色の楕円形
				D_3	D_4	D_5	中央垂直部の暗い部分全部
				D_6			D II中央部を垂直に貫く明灰白色の部分
				D_7			D Iおよび中央垂直部の暗い部分

[Ⅵカード：F＋例]

W
<u>動物の毛皮</u>→ <u>動物</u> ムササビ 亀 象の頭-∨ <u>開きの魚</u>-∨→ 花-∨
<u>ヤツデ，カエデの葉</u>→ ワカメ，コンブ-∨ <u>弦楽器</u>→ ウチワ <u>軍配</u>→ 振鈴(リン) 釣鐘
<u>勲章，ワッペン</u>→ ヘリコプター エイ-∨

W̶ (－DⅢ)案山子-∨　カブトガニ-∨

D
DⅠ　蝶，蛾　<u>鳥</u>→ トンボ　<u>勲章，ワッペン</u>→ 案山子　動物
DⅡ　<u>動物</u>→ ムササビ <u>亀</u>→ カエル <u>動物の毛皮</u>→ <u>開きの魚</u>→ <u>女性器</u>→
　　　<u>ヤツデ，カエデの葉</u>→ 服，着物-∨ ヒトデ 花
DⅢ　蝶，蛾　<u>鳥の羽</u>
DⅣ　<u>人間</u>　人間の手　<u>カイコ，青虫などの虫</u>←　<u>ウナギ，ドジョウ</u>←　トカゲ，カメレオン
　　　<u>ヘビ</u>←　トンボの胴　男性器　電柱　煙突　ローソク　剣
DⅤ　人間-∨　人間，類人間の面　動物->,-∨　鳥　船->　戦車->　銃
DⅥ　カイコ，青虫などの虫
DⅦ　灯台　塔　瓶　<u>振鈴(リン)</u>→　<u>弦楽器</u>→　スコップ

Ð (－d₁)花瓶　植木鉢

d
　d₁　<u>動物の頭</u>　カイコ，青虫などの虫　靴
　d₂　<u>人間</u>　鳥　ローソク
　d₃　柿，リンゴなどの果物
　d₄　蝶，蛾　<u>鳥の頭</u>->
　d₅　<u>昆虫の眼</u>→　肛門
　d₆
　d₇　鳥の嘴->

[Ⅶカード]

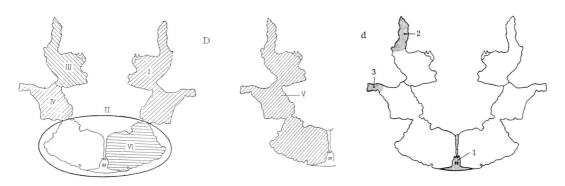

出現頻度		阪大法	片口法	名大法	Klopfer	Exner	
成人	児童						
22.5	11.6	W	W	W	W	W	1) d_2が欠けている場合もある
15.8	14.9	D Ⅰ [1]	D_2	D_1	D_4	D_2	2) あるいは, その半分
9.2	14.6	D Ⅱ	D_3	D_3	D_1 [2]	D_4	3) d_3が欠けている場合もある
17.9	13.3	D Ⅲ [1]	D_1	D_2	D_3	$D_{1,9}$	4) d_1に含み得るものが多い
8.2	8.6	D Ⅳ [3]	D_4 [3]	D_4	D_2	D_3	
1.7	2.3	D Ⅴ [1]	D_6	D_5		Dd_{22}	
2.9	2.1	D Ⅵ	D_5	D_7	D_1 [2]	Dd_{23}	
4.0	8.9	d_1	d_1	d_1	d_2		
1.4	6.7	d_2	d_2	d_3		D_5	
0.9	4.3	d_3		Dd_2	d_1	Dd_{21}	
			d_4	d_3		D_8	D Ⅲ上方内側の明灰色の突出部
		S = D		DS_6		DS_7	中央空白部をとくにDとして取り扱う
		d_1 [4]		d_2		Dd_{26}	d_1上半部の垂直灰白色の線
		d_1 [4]		d_6		Dd_{28}	d_1下半部の名大法d_2を除いた部分

資　　料

[Ⅶカード：F＋例]

W
　　人間二人　鹿の角→　カエルの後足-∨　サボテン→　サンゴ　門-∨　灯籠-∨　兜
　　ネックレス　花瓶　壺

D
DⅠ　　人間-∧，人間-∨　人間の上半身　人間の下半身-∨　動物-∧，->
　　　　←動物(擬人化)　ウサギ　リス　象　南北アメリカの地図
DⅡ　　蝶,蛾　コウモリ　女性器→　リボン,蝶ネクタイ　帽子　籠
DⅢ　　人間の頭　鬼(悪魔)の顔　動物の頭　牛,ヤギの頭　象の頭　ウサギの頭　動物->
　　　　ラクダ->　カタツムリ　鯛,金魚などの魚　恐竜　鳥　首長の鳥
DⅣ　　人間の頭-∧，-∨　鬼(悪魔)の顔　鳥　動物の頭-∧，-∨　牛,ヤギの頭
　　　　象の頭-∨　鯛,金魚などの魚
DⅤ　　人間-∧，人間-∨　←動物(擬人化)
DⅥ　　動物　ラクダ　蝶,蛾
S　　　人間の上半身-∨　灯籠-∨　花瓶→　電気の笠-∨　スコップ　ネジ　キノコ-∨

d
　　d₁　人間　人間二人　トンボの胴　花-∨　家-∨　門　灯台　橋-∨　船　電気の笠
　　　　滝　ローソク,二本　瓶,二つ
　　d₂　カイコ,青虫などの虫　ウナギ,ドジョウ　ヘビ　タコの足
　　d₃　←カイコ,青虫などの虫　人間の頭->

Dd
　　dr　(Ⅲの内側縁)ラクダの背->

[Ⅷカード]

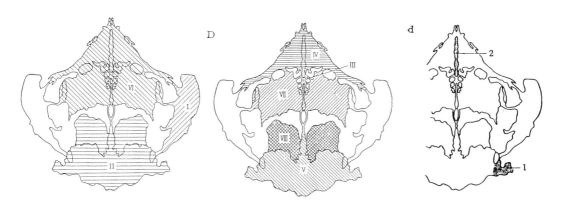

1) d_2 を含むときと含まないときとがある
　ときに D Ⅲ や D Ⅶ を含むこともある
2) 全体またはいずれか半分

出現頻度		阪大法	片口法	名大法	Klopfer	Exner
成人	児童					
13.8	9.6	W	W	W	W	W
28.2	24.2	D Ⅰ	D_1	D_1	D_1	D_1
20.2	14.9	D Ⅱ	D_2	D_2	D_2	D_2
6.4	7.8	D Ⅲ	D_4	DS_4	D_5	D_3, DS_3
6.7	7.7	D Ⅳ	D_3	D_3	D_3 [1)]	D_4
4.3	5.1	D Ⅴ	D_5	D_8	D_7	D_7
3.5	5.1	D Ⅵ	D_6	D_5	D_3 [1)]	D_8
0.8	3.2	D Ⅶ [2)]	D_7	D_6	D_4	D_5
0.6	3.0	D Ⅷ [2)]		D_9	D_6	Dd_{33}
2.4	2.9	d_1	d_1	d_1	d_1	Dd_{26}
1.4	2.4	d_2	d_2	d_2		Dd_{30}
				D_7	D_3 [1)]	D Ⅳ + D Ⅲ
		D Ⅶ/2		Dd_6		D Ⅶ/2

資　料

[Ⅷカード：F＋例]

W

　　花-∧,-∨　カブラ→　船-∧,∨　王冠→　勲章, ワッペン　花瓶→　優勝カップ
　　シャンデリア→

D

DⅠ　　動物　象->　トカゲ, カメレオン　キリギリス, バッタ　甲虫類　鯛, 金魚などの魚
　　　　エビ　大根, 人参　サツマイモ　船->
DⅡ　　花　蝶, 蛾　コウモリ　象の頭-∨　骨盤→　女性器→　服, 着物-∨
　　　　リボン, 蝶ネクタイ　シャンデリア
DⅢ　　動物, 魚の背骨　木の根
DⅣ　　茂みのある木　富二山←　屋根　ピラミッド　クラゲ　動物の頭　魚の頭
　　　　イカの頭(俗称)　帆　テント　傘→　飛行機
DⅤ　　蝶, 蛾　鳥　花　女性器→　肛門, 臀部　爆発(キノコ型)-∨　飛行機
DⅥ　　茂みのある木　家→　帆　テント　王冠
DⅦ　　蝶, 蛾　コウモリ　電気の笠-∧　(DⅦ/2)旗
DⅧ　　蝶, 蛾　花　リボン, 蝶ネクタイ　(DⅧ/2)カエルの上半身

d

　d₁　動物の頭->　人間->　鳥(擬人化)　巻貝
　d₂　カイコ, 青虫などの虫　槍, 矢

Dd

　dr　(DⅡ+DⅠ)花-∨　(DⅣ+DⅢ)船-∨　(DⅦ中心のS)人間の顔
　　　(DⅦ中心のS)花　(DⅦ中心のS)藤の花

[IXカード]

出現頻度		阪大法	片口法	名大法	Klopfer	Exner	
成人	児童						
8.0	7.3	W	W	W	W	W	1) 全体またはいずれか半分
13.0	16.5	D I 1)	D_2	D_2	D_6 1)	D_6	2) D II を左右つないで一つとしたものも含む
13.7	14.6	D II 2)	D_1	D_3	D_1	$D_{1,11}$	
10.0	11.2	D III	D_3	D_1	D_2	D_3	3) D V を含むときと含まないときとある
4.2	9.4	D IV	D_5	D_{12}	D_8 3)	D_5	4) 上半分を除いた部分も D V として取り扱うこともある
6.6	2.6	D V 4)	D_4	DS_{11}	D_7	D_8	
2.0	2.0	D VI	D_6	D_5	D_5	D_9	
0.9	1.9	D VII	D_7	D_8	D_4	D_4	5) 突起の一部は欠けていることもある
5.4	9.6	d_1 5)	d_1	d_3	d_1	$Dd_{26,34}$	6) D II と D III の部分との接触部の内部の部分
4.1	2.9	d_2 6)	d_2	d_1	D_3		
1.6	2.2	d_3	d_3	Dd_3		Dd_{24}	
	1.9	d_4					
1.2	1.9	d_5	d_4	Dd_4	d_2	DdS_{23}	
	1.7	d_6		Dd_2		Dd_{21}	
					D_9	Dd_{35}	D I 中央部分, 中央の線を含むときもある
		S = D	D, S	DS_4	D, S	DS_8	中央の灰色と白色の部分を特にDとして取り扱う(S_1:D Vを含む, S_2:含まない)
			d_2	d_3		DdS_{32}	中央上部のアーチ型の薄いオレンジ色部分
		D I 1)	D_{10}				D I の半分
		D II 2)	D_6	D_1			D II を左右つないで一つとしたもの
			DS_7				D III×2＋S
			D_9			D_{12}	D II＋D III
			D_{13}				名大法D_{10}の半分

[IXカード：F＋例]

W
  人間-∨　(W/2)人間-∨　クラゲ-∨　門-∨　花瓶

W　(−DⅠ)クラゲ-∨　(−DⅠ)花　(−DⅠ)花瓶　(−DⅠ)茂みのある木-∨
  (−DⅠ)門-∨　(−DⅢ)カブラ-∨

D
  DⅠ　花　爆発(キノコ型)-∨　人間->　(DⅠ/2)人間->
    (DⅠ/2)動物>,　(DⅠ/2)動物-∨　(DⅠ/2)象-∨　カイコ，青虫などの虫
    蝶，蛾　女性器　肛門，臀部
  DⅡ　人間-∧，->　人間の頭-∧，-∨　カッパ->　動物(上向き)(下向き)
    動物(擬人化)　動物の頭->，-∨　蝶，蛾　コウモリ　鳥
    骨盤　傘-∨　入道雲
  DⅢ　人間　鬼(悪魔)　天狗　動物(擬人化)　エビ　ザリガニ　鯛，金魚などの魚-∨
    タコ-∨　竜　大根，人参　サツマイモ
  DⅣ　カイコ，青虫などの虫　ヘビ　杖　噴水　ローソク　槍，矢
  DⅤ　果物の芯　イチョウの葉　蕾　花瓶　城
  DⅥ　象の頭-∨　兜　傘-∨　入道雲
  DⅦ　人間の頭->　鯛，金魚などの魚　カブラ　柿，リンゴなどの果物
  S_1(DⅤ＋上方のS)　優勝カップ-∨　電球　ダルマ-∨　ヒョウタン-∨　灯籠-∨
    服，着物-∨　花瓶-∧，∨
  S_2(DⅤ上部のS)　太陽　月　カブラ-∨　餅　屋根　帽子　電気の笠　花

d
  d_1　人間　鬼(悪魔)　鬼の角　動物　動物(擬人化)　鹿の角　エビの頭　ザリガニの頭
    木の枝　サンゴ　スズラン灯　(d_1×2)虹　(d_1×2)門　(d_1×2)橋
  d_2　人間の顔->　動物の頭->
  d_3
  d_4　人間の顔　帽子
  d_5　柿の種　餅　電気の笠->
  d_6

Dd
  dr　(DⅡ＋DⅢ)大根，人参　(DⅤの上部)富士山　(S_1＋DⅣ)軍配
    (S_1＋DⅣ)弦楽器

[Xカード]

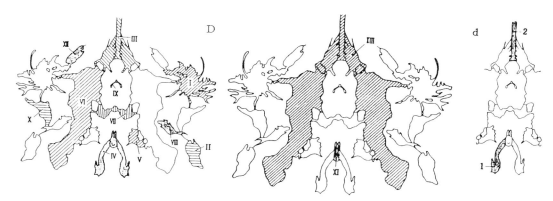

出現頻度		阪大法	片口法	名大法	Klopfer	Exner	
成人	児童						
7.9	3.1	W	W	W	W	W	1) ときにD XIIを伴うことがある
12.2	14.1	D I [1)	D_1 [1)	D_1	D_1 [1)	D_1	2) 全体またはいずれか半分
4.5	8.7	D II	D_{10}	D_9	D_{11}	D_{13}	3) ときにこの部分に囲まれたDを伴うことがある
7.0	8.1	D III	D_4	D_2	D_3	D_{11}	
7.3	7.0	D IV	D_3	D_8	D_5	D_{10}	4) 上半分を除いた部分もd_1として取り扱う
9.6	6.7	D V	D_2	D_7	D_{10}	D_2	
6.1	6.5	D VI	D_6	D_5	D_9	D_9	5) 濃い緑色の部分，ときに下部のうすい部分も含む
6.1	5.9	D VII [2)	D_7 [2)	D_{10}	D_8	D_6	
4.5	5.7	D VIII	D_9	D_4	D_6	D_7	
7.0	5.5	D IX	D_5	D_{12}	D_{12}	D_3	
4.7	4.9	D X	D_8	D_{13}	D_{15}	D_{15}	
2.4	3.3	D XI	D_{12}	d_2	D_7	D_5	
2.9	2.9	D XII	D_{11}	D_{11}	D_{13}	D_{12}	
1.5	2.0	D XIII [3)	D_{14} [3)	D_6	D_{16}	Dd_{21}	
2.4	1.9	D XIV	D_{13}	D_3	D_4	D_8	
3.8	2.1	d_1 [4)	d_1	d_1	D_2 [5)	D_4	
2.4	1.9	d_2	d_2	d_3	D_{14}	D_{14}	
			D_{14}	D_{17}		D VI＋D VII	
		D XIII [3)	D_{14} [3)	DS_{15}		DdS_{22}	D XIIIおよびそれに囲まれた部分，空白部

資　料

[Xカード：F＋例]

D

- D Ⅰ 　<u>クモ</u>　<u>カニ</u>　人間, 動物, 鳥(戯画化)　アメーバ→　<u>クモの巣</u>　タコ　クラゲ　花　木の根　花火(単数)　爆発　太陽
- D Ⅱ 　<u>動物-></u>　<u>鳥-∨</u>　<u>カイコ, 青虫などの虫</u>　<u>鯛, 金魚などの魚</u>　花　帽子
- D Ⅲ 　<u>動物の頭-∨</u>　<u>象の頭-∨</u>　<u>肺, 気管</u>　<u>花-∨</u>　<u>茂みのある木-∨</u>　木の根　電気の笠　振鈴(リン)　釣鐘
- D Ⅳ 　<u>鳥-∨</u>　家　門　<u>スズラン灯-∨</u>　勲章, ワッペン　ハサミ, ペンチ　釣鐘
- D Ⅴ 　<u>人間-∧,></u>　人間の頭　蝶, 蛾　<u>鳥</u>　動物　イチョウの葉
- D Ⅵ 　カイコ, 青虫などの虫　タコの足　<u>ワカメ, コンブ</u>　<u>服, 着物</u>
- D Ⅶ 　(D Ⅶ/2)<u>人間-∨</u>　(D Ⅶ/2)<u>動物</u>　<u>コウモリ</u>　<u>鳥</u>　(D Ⅶ/2)<u>鳥</u>　(D Ⅶ/2)<u>カレイ, フグ</u>　メガネ　<u>門</u>←　橋　ブラジャー
- D Ⅷ 　<u>動物</u>　<u>キリギリス, バッタ</u>　<u>甲虫類</u>　イカ　<u>亀</u>　<u>カエル</u>　トカゲ, カメレオン　カニ　サツマイモ
- D Ⅸ 　←<u>昆虫の眼</u>　<u>カタツムリ, カニの眼</u>　<u>椎, 樫の実</u>　<u>柿, リンゴなどの果物</u>　蕾, 二つ　テント
- D Ⅹ 　<u>動物-></u>　<u>象-></u>　<u>オットセイ-></u>　<u>鳥</u>　首長の鳥　蝶, 蛾　カタツムリ　鯛, 金魚などの魚　恐竜->　花
- D Ⅺ 　<u>人間-∨</u>→　クモ　動物の頭　<u>カニの爪</u>　ハサミ, ペンチ
- D Ⅻ 　<u>動物</u>　<u>鳥</u>　<u>キリギリス, バッタ</u>　<u>鯛, 金魚などの魚</u>　カエル
- D ⅩⅢ　<u>人間二人</u>　<u>人間の顔-∧, -∨</u>　花　木の根　城　塔　服, 着物　振鈴(リン)　釣鐘
- D ⅩⅣ　<u>人間</u>　<u>動物(擬人化)</u>→　<u>キリギリス, バッタ</u>　<u>甲虫類</u>　<u>カニ</u>　クモ　エビ　ザリガニ

d

- d₁ 　<u>タツノオトシゴ</u>　<u>ヘビ</u>　<u>鳥</u>　尾に特徴のある鳥　首長の鳥の頭　カイコ, 青虫などの虫　ウナギ, ドジョウ　鳥の頭
- d₂ 　<u>電柱, 煙突</u>　竹

Dd

- dr 　(D ⅩⅢの内部のS)<u>人間の顔-∨</u>　(D ⅩⅢの内部のS)<u>動物の頭-∨</u>　(上部中央のS)<u>人間の上半身</u>　(D Ⅴの内部)<u>椎, 樫の実</u>→　(D Ⅴの内部)<u>柿, リンゴなどの果物</u>

—79—

基礎形体水準判定基準表

I クラス
形体条件：1）境界を必要としない　2）不定の構造

分　類	基　礎　概　念	基礎形体条件
A：抽象概念	1　春，力，喜びなど	なし
B：火→6,34,71～73	2　火	なし
C：血液	3　血，血痕など	なし
D：汚点	4　しみ	なし
E：自然	5　空，水，雪，霧など	なし

II クラス
形体条件：1）境界があること　2）不定の構造

分　類	基　礎　概　念	基礎形体条件
A：火→2,34,71～73	6　火炎	1)不規則で滑らかな外縁
B：雲→78	7　雲	1)不規則な外縁
C：煙	8　煙	1)不規則な外縁
D：鉱物	9　石，岩，石炭，鉄の塊など	1)不規則な外縁
E：食物→80	10　肉，菓子など	1)不規則な外縁
F：芸術	11　絵画，模様など(不特定)	1)不規則な外縁
G：解剖→52～58	12　解剖図，内臓，骨など(不特定)	1)不規則な外縁
H：動物解剖→59	13　動物の内臓，骨など(不特定)	1)不規則な外縁
I：性→60～62	14　性器(不特定)	1)不規則な外縁
J：地図→79	15　地図(不特定)	1)不規則な外縁
K：科学→35	16　顕微鏡の標本(不特定)	1)不規則な外縁
L：風景→25,28,29,36,69,70	17　茂み(主として明暗，色彩によって)	1)不規則な外縁
M：動物の毛皮→50	18　毛皮(主として明暗，色彩によって)	1)不規則な外縁

III クラス
形体条件：1）境界があること　2）統合または分散された構造　3）単純な限定構造

分　類	基　礎　概　念	基礎形体条件
A：単純直線構造のもの		
a　数字，記号→24	19　一，1など	1)外縁が平行な直線
b　棒類→74～76	20　煙	1)外縁がほぼ平行な直線　2)十分な長さ
c　その他	21　石，岩，石炭，鉄の塊など	1)細長い直線または曲線
B：単純曲線の輪郭のもの		
a　人間，動物の部分→18,30～32,37～51,81～98	22　眼，鼻孔，口など	1)円形または楕円　2)滑らかな外縁
b　植物→26,27,63～68,140～154	23　木の実，種子，豆など	1)円形または楕円　2)滑らかな外縁
c　数字，記号→19	24　0	1)円形または楕円　2)滑らかな外縁
d　風景→17,28,29,36,69,70	25　トンネル，洞穴など	1)ほぼ円形，半円または楕円，半楕円形　2)ほぼ規則的な外縁
C：不規則な曲線の輪郭のもの		
a　植物→23,63～68,140～154	26　木の葉	1)不規則な外縁　2)著明な突起がない
	27　海草	1)不規則な外縁　2)著明な突起がない
b　風景→17,25,36,69,70	28　山，半島，谷，湾など	1)外形が凹または凸の曲線

資　　料

基礎概念	代表例	形体条件
D：単純構造のもの 　a　人間，動物の部分→18,22,37～51,81～98	29　草むら，草原など	1)不規則に広がる多数の突起
	30　角，牙など	
	31　舌	
	32　尻尾	
b　微小な人間→103～106	33　人間(微小な)	1)微小であること　2)長さが幅より大
E：分散構造のもの 　a　火→2,6,71～73	34　火花，花火(複数)	
b　科学→16	35　標本(昆虫，貝殻などの)	
c　風景→17,25,28,29,69,70	36　花園，海底の景色など	

IV　クラス（I，II，IIIクラスの特定形）
形体条件：1）境界があること　2）統合された構造　3）複合線の輪郭

基礎概念と 基礎形体条件	条件に合格する領域の代表例									
	I	II	III	IV	V	VI	VII	VIII	IX	X
A：人間，類人間の特定形→22,30～32,81～87										
37　鬼の角									1 ←	
B：動物，類動物の特定形→13,22,30～32,88～98										
38　鹿の角										
P, F型　1)細長く，先の尖った二つ以上の分枝を持つ突起				IV			W →		1	
39　鳥の嘴										
I型　1)中央線を持つ鋭角の三角形		1								
II型　1)鋭角に開き，徐々に細くなる二股状の突起	3		2		3→					
III型						7→				
40　カニの爪										
I型　1)中央線を持つ鋭角の三角形		1								
II型　1)鋭角に開き，先の尖った二股の突起	3				1 ←				XI	
41　昆虫の眼										
1)同一の基部より突出した対称的な二つの半円状の塊	5					5 →			IX ←	
42　カタツムリの眼，カニの眼→92										
1)同一の基部より突出した二股の突起 　2)先に楕円形の小塊									IX ←	
43　トンボの胴						IV	1			
44　鳥の羽	II					III				

基礎概念と基礎形体条件	I	II	III	IV	V	VI	VII	VIII	IX	X
45 ラクダの背										
1) 相並んだほぼ同じ大きさの二つの隆起	5				←5		dr(III内側縁)->			
46 動物の足			III		2 3					
47 タコの足(単数)							2			VI
1) 長さは幅の2〜3倍										
2) 外縁に波状の多数の小突起										
48 カエルの後足							W-V			
49 鳥の足	3		IV		3					
50 動物の毛皮										
1) 長さが幅の1〜1.5倍の大きな中央の塊				W⇒		W II ⇒				
2) 四肢としての突起										
3) 不規則な外縁										
51 開きの魚						W II → →				
C：解剖, 動物解剖の特定形→12,13										
52 骨格										
53 骨盤										
F 型 1) 両側に翼状に突出した外縁	W→		W V → →					II→	II→	
2) 外縁の軽度不規則性										
B 型 1) 〃 2) 〃 3) 中央に大きなspace			I→							
54 肋骨	dr(Iを中心)I→									
55 胸骨										
56 胃		III	VIII							
57 肺(および気管)		I							III	
58 心臓		III								
59 動物, 魚の背骨							III			
D：性器, 肛門の特定形→14										
60 男性器										
1) 中央部										
2) 外へ突出した滑らかな突起		1				IV				
61 女性器										
1) 〃 2) 中央に会陰を意味する複雑な線状構造		IV→				II→	II→	II V → →	I	
3) 両側に翼状の広がり										
62 肛門, 臀部										

資料

基礎概念と基礎形体条件	\multicolumn{10}{c}{条件に合格する領域の代表例}
	Ⅰ	Ⅱ	Ⅲ	Ⅳ	Ⅴ	Ⅵ	Ⅶ	Ⅷ	Ⅸ	Ⅹ
Ⅰ型 女性器に準ず Ⅱ型 1)中央部にあること 2)密接した滑らかな二つの半円状の隆起	5					5		Ⅴ	Ⅰ	
E：植物の特定形→23,26,27,140〜154										
63 柿の種									5	
64 椎, 樫の実 　1)ほぼ円形,または楕円形 2)滑らかな外縁 3)外縁の一部に小突起があってもよい										Ⅸ, dr(Ⅴ内部)
65 イチョウの葉		S		1					Ⅴ	Ⅴ
66 ヤツデ, カエデの葉	W					W→Ⅱ→				
67 菊の葉				1						
68 ワカメ, コンブ				W		W-∨				Ⅵ
F：風景の特定形→17,25,28,29,36										
69 富士山 　1)ほぼ二等辺三角形 　2)頂部は滑らかな曲線でもよい	7							Ⅳ	dr(Ⅴ上部)	
70 滝							1			
G：火の特定形→2,6,34										
71 火の玉			Ⅰ→							
72 花火(単数) 　1)中央の塊 　2)放射状の多数の突起		Ⅳ								Ⅰ
73 爆発 　Ⅰ型 1)中央の塊 　　　2)放射状の多数の突起 　Ⅱ型 1)キノコ型		Ⅳ-∧∨						Ⅴ-∨	Ⅰ-∨	Ⅰ
H：棒状の構造物の特定形→20										
74 電柱, 煙突 　1)十分な長さ 　2)外縁がほぼ平行な直線					Ⅳ					2
75 竹 　1)〃 2)〃 　3)節としての小突起										2
76 杖 　1)十分な長さ 　2)ほぼ平行な外縁 　3)上部に不規則な構造と塊があってもよい			Ⅰ-∨	4					Ⅳ	

基礎概念と 基礎形体条件	条件に合格する領域の代表例									
	Ⅰ	Ⅱ	Ⅲ	Ⅳ	Ⅴ	Ⅵ	Ⅶ	Ⅷ	Ⅸ	Ⅹ
Ⅰ：その他の特定形 77 虹→169,170 78 入道雲→7 79 地図→15 　例：四国，オーストラリア 　例：南北アメリカ 80 餅→10		Ⅱ->					I->		1 Ⅱ 5 S2	

Ⅴ クラス

クラス全体の条件：1）境界があること　2）統合された構造　3）複合線の輪郭

基礎概念と 基礎形体条件	条件に合格する領域の代表例									
	Ⅰ	Ⅱ	Ⅲ	Ⅳ	Ⅴ	Ⅵ	Ⅶ	Ⅷ	Ⅸ	Ⅹ
【部分】　人間，動物，建造物，その他 A：人間，類人間の部分→22,30～32,37										
81 人間の頭(顔) 　P型 1)額 2)鼻としての突起 3)顎または口	1-∨ 6-∨	←2-∨	Ⅷ-∧∨	3	I ->		Ⅲ 3-> Ⅳ-∧∨		Ⅱ-∧∨ Ⅶ-> 2 -> 4	Ⅴ
F型 1)眼 2)鼻または口 3)三角または楕円の輪郭				1	dr(1下半分)			dr(Ⅶ中央S)		drS(XIII内部)-∨ XIII-∧∨
82 人間の上半身 　P型 1)分離された頭部 2)胴体 3)下半身を想定すれば人間像が成立				Ⅱ->			I			
F型 1)〃 2)〃 3)〃				W-∨			S-∨			drS(中央上部)
83 人間の下半身(胴体) 　P型							I-∨			
F型 1)足 2)胴 3)腰のくびれ	Ⅰ Ⅳ →				1					
84 人間の手 　Ⅰ型 1)滑らかな細長い前腕 2)手首のくびれ				2	←2	Ⅳ				
Ⅱ型 1)手首のくびれ 2)二股になった大小の指	3			Ⅳ-∨						
85 人間の足 　Ⅰ型 1)細長い脚 2)踵 3)足先 4)足背の滑らかな線	dr(Ⅳの内部)		Ⅳ		2					
Ⅱ型 1)踵 2)足先			Ⅲ		Ⅱ Ⅲ					

資　料

基 礎 概 念 と基 礎 形 体 条 件	条件に合格する領域の代表例									
	Ⅰ	Ⅱ	Ⅲ	Ⅳ	Ⅴ	Ⅵ	Ⅶ	Ⅷ	Ⅸ	Ⅹ
3) 足背の滑らかな線										
86 鬼(悪魔)の顔										
P型 1) 頭部に角	1-∨						ⅣⅢ			
2) 他は人間の頭に準ず										
F型 1) 頭部に角としての突起	W	Ⅳ-∨			1					
2) 楕円形の輪郭										
87 人間，類人間の面										
P型						V				
F型	W									
B：動物，類動物の部分→18,22,30〜32,38〜51										
88 動物(四足獣)の頭(顔)										
P型 1) 分離された頭部	Ⅱ14 6-∨	Ⅱ 2-∨	3-∧∨	3Ⅲ	6	1	Ⅲ Ⅳ-∧∨	1->	Ⅱ->∨ 2->	
2) 吻としての小突起										
F型 1)〃 2) 対称的な角または耳としての小突起 3) 多くの場合，眼の存在	W V			Ⅰ-∧∨	1					Ⅲ-∨ ⅩⅠ drS(ⅩⅢ内部)-∨
B型 1)〃 2)〃				Ⅰ-∧∨				Ⅳ		
*牛，ヤギの頭										
1) 角としての大きな突起		2-∨		Ⅰ-∧∨			Ⅲ Ⅳ			
89 象の頭										
P型 1) 長細い鼻				2			Ⅲ Ⅳ-∨			
2) 分離された頭部										
F型 1) 長細い鼻						W-∨		Ⅱ-∨	Ⅵ-∨	
2) 分離された幅広い頭部										Ⅲ-∨
90 鳥の頭										
P型 1) 縦幅が横幅を越えない頭部	7	2-∨		2 3	1->	4-∨	→			1
2) 嘴 3) 嘴とトサカ以外に突起がない										
*首長の鳥(鶴，駝鳥など)の頭										
1) 細長い頭				2	3/2-∨					1
91 昆虫の上半身			W-∨							
92 カタツムリの頭										
F型 1) 頭部 2) 細長い一対の触角としての突起				Ⅰ-∨	1					
93 魚の頭		3		Ⅰ-∧∨	6			Ⅳ		
*鯉，ナマズの頭										
1) 頭部にヒゲ				Ⅰ-∨						

基礎概念と基礎形体条件	条件に合格する領域の代表例									
	I	II	III	IV	V	VI	VII	VIII	IX	X
94 エビの頭 　P型　1)頭部 　　　2)多数の小突起 　B型　1)〃 2)〃			IV-∨	I-∨					1	
95 ザリガニの頭 　P型　1)〃 2)〃 　　　3)ハサミとしての 　　　　小突起 　B型　1)〃 2)〃 3)〃			IV-∨	W-∨					1	
96 イカの頭(俗称) 　1)高さより底辺が大 　きい二等辺三角形		S		1				IV		
97 ワニの頭 　P型　1)頭 2)同じ基 　　部より細長く突出 　　した上下の顎 　B型				I-∨	1-> 2					
98 カエルの上半身 　P型 　B型	3		W-∨					VIII/2		
C：建造物，その他の部分										
99 屋根→155～164 　1)二等辺三角形また 　は半円形		S						←IV	S2	
100 帆→165～168 　1)二等辺三角形 2) 　下端に矩形の部分 　があってもよい		2						IV VI		
101 傘の上部→193 　1)鋭角二等辺三角形	2	1								
102 槍先，矢先→199	3	1								
【全体】人間，動物，建造物，その他										
A：人間，類人間→33										
103 人間 　P型　1)分離された 　　頭 2)縦長の胴体 　　3)上肢または下肢 　　4)多くの場合，鼻 　　としての突起	←III 1	W/2-∧ ∨ IX-∧∨ II-∨ III	II I-∨ 2 3->	IV-∨ I	W(-1-3) 2	V-∨ 2	I-∧∨ V-∧∨ 1	1->	W/2-∨ I/2-∨ I-> 1 II-∧∨ III	V-∧> VII-∧> XIII/2 XIV
F型　1)〃 2)〃 　　　3)〃	I IV-∨ dr(I 内 部)-∨		dr(VII 上 部)	W	II	IV	1/2 →		W 1 XI-∨ I	
C型										
104 仏像，サンタクロースなど 　P型 F型 人間に準 　　ず 　　　1)頭部に角				II					III 1	
*カッパ 　1)頭頂部は平滑			I-∨ II						II->	

資　料

基礎概念と基礎形体条件	条件に合格する領域の代表例									
	Ⅰ	Ⅱ	Ⅲ	Ⅳ	Ⅴ	Ⅵ	Ⅶ	Ⅷ	Ⅸ	Ⅹ
＊天狗　1)長い鼻		Ⅱ							Ⅲ	
105 ダルマ　F型 1)分離された頭 2)丸い胴体 3)外縁に突起がない									S1-∨	
106 案山子		S				W(-Ⅲ)-∨ Ⅰ				
B：動物										
［羽のある動物］										
107 蝶，蛾　P型 1)羽 2)その底縁に頭部としての突起						4	Ⅵ			Ⅴ Ⅹ
B型 1)中心の体 2)両側外方へ張った2枚の幅広い羽	W	W-∨ Ⅰ-∧∨ Ⅳ-∧∨	Ⅲ Ⅴ	W 1	W-∧∨	Ⅰ Ⅲ	Ⅱ	Ⅱ Ⅴ Ⅶ Ⅷ	Ⅰ Ⅱ	
108 コウモリ　B型 1)中心の体 2)両側外方へ張った2枚の羽 3)羽の外縁に小突起	W		Ⅴ	W	W-∧∨		Ⅱ	Ⅱ Ⅶ	Ⅱ	Ⅶ
109 鳥　P型 1)嘴としての突起 2)頭部 3)胴体	Ⅱ Ⅲ 1	Ⅲ	Ⅰ Ⅳ	Ⅳ-∨	W/2	Ⅴ 2	Ⅲ		Ⅱ	Ⅱ-∨ Ⅴ Ⅹ Ⅻ 1
B型 1)中心の体 2)両側外方へ張り出した大きな羽	W←	Ⅰ S	Ⅵ(-1)	W	W←	Ⅰ	Ⅳ	Ⅴ		Ⅳ-∨ Ⅶ Ⅶ/2
H型			Ⅱ					1		
C型	Ⅲ-∨									Ⅰ
＊首長の鳥		Ⅲ					Ⅲ			Ⅹ
＊尾に特徴のある鳥			Ⅰ							1
［四足獣］										
110 動物(四足獣)　P型 1)頭部 2)胴体 3)前肢 4)多くの場合,後足を思わせるものがある	Ⅲ-∧> 2-> ←	W/2-> ∧ Ⅱ-∧∨ >	Ⅰ-> Ⅷ	Ⅱ->∨ ∨	Ⅴ->∨	Ⅰ-∧> Ⅵ Ⅲ->	Ⅰ	Ⅰ/2-> ∨ Ⅶ(上向き)(下向き) 1	Ⅱ-> Ⅴ Ⅶ/2 Ⅷ Ⅹ-> Ⅻ ⅩⅣ Ⅶ/2	
F型 1)〃 2)〃 3)四肢					W	Ⅱ				
B型 1)〃 2)〃 3)胴体の両端に四肢						W Ⅰ← Ⅱ←				
H型	6-∨		Ⅱ	W	Ⅱ		Ⅰ← Ⅴ	Ⅱ Ⅲ 1	Ⅶ/2 ⅩⅣ	
C型									Ⅰ	
＊兎　1)長い耳					Ⅱ	Ⅰ				

—87—

基礎概念と基礎形体条件	条件に合格する領域の代表例									
	I	II	III	IV	V	VI	VII	VIII	IX	X
*ラクダ 　1)背中にコブ							Ⅲ-> Ⅵ			
*リス 　1)尻尾				Ⅱ->			Ⅰ			
*象 　1)長い鼻		W/2->					Ⅰ	Ⅰ->	Ⅰ/2-∨	X-> X
111 オットセイ 　1)やや細長い頭 2)やや長い胴 3)著明な突起がない		Ⅱ Ⅲ→		Ⅱ-> Ⅳ-∨						X
112 ムササビ 　B型 1)頭 2)幅広い胴体 3)胴体の両側に四肢としての突起				W→		W Ⅱ				
[昆虫類]										
113 キリギリス，バッタなどの昆虫 　1)長さが幅の2～3倍の体 　2)複数の足としての突起							Ⅰ	VIII	XII XIV	
114 甲虫類 　P型 1)長さが幅の2～3倍の体 2)複数の足としての突起 3)頭部に角 　B型	Ⅰ→						Ⅰ-∨	VIII	XIV	
115 クモ 　1)中心の体 　2)多数の足としての突起									Ⅰ XI XIV	
116 トンボ						Ⅰ				
117 カイコ，青虫などの虫 　1)細長い体 2)波状の外縁 3)著明な突起がない			Ⅲ/2	V-∧∨ 2←		Ⅳ Ⅵ← 1	2← 3 1	2	Ⅰ Ⅳ	Ⅱ Ⅵ 1
118 カタツムリ 　1)長さが幅の2～3倍の頭部 　2)大きな蝸牛部 　3)著明な突起がない							Ⅲ			X
[魚類]										
119 鯛，金魚などの魚 　1)長さが幅より大きい体部 　2)背ビレと尾としての突起 　3)他に著明な突起がない				Ⅳ 1			Ⅲ→ Ⅳ		Ⅲ-∨ Ⅶ	Ⅱ X XII

資　料

基礎概念と基礎形体条件	条件に合格する領域の代表例									
	Ⅰ	Ⅱ	Ⅲ	Ⅳ	Ⅴ	Ⅵ	Ⅶ	Ⅷ	Ⅸ	Ⅹ
120 オコゼ 　1)〃 2)数個の著明な突起状のヒレ 3)〃	Ⅲ									
121 カレイ，フグ 　1)ほぼ菱形の体部 　2)尾としての突起 　3)他に著明な突起がない		S								Ⅶ/2
122 鯉，ナマズ 　B型 1)長さが幅よりかなり大きい体部 2)頭部にヒゲ 3)他に著明な突起がない				Ⅴ-∨						
123 ウナギ，ドジョウ 　1)紐状の体部 2)頭部は鋭角 　3)他に突起がない						←Ⅳ	2			1
[その他の水中生物] 124 エビ 　P型 1)長さが幅の2倍以上の体 2)数個以上の突起								Ⅰ	Ⅲ	ⅩⅣ
B型 1)〃 2)〃				Ⅴ-∨						
125 ザリガニ 　P型 1)長さが幅の2倍以上の体 2)ハサミ 3)ハサミ以外の小突起はなくてもよい									Ⅲ	ⅩⅣ
B型 1)〃 2)〃 3)〃	Ⅰ			Ⅶ-∨						
126 カニ 　1)爪 2)中心の体 3)多数の小突起	W	Ⅳ-∨	Ⅴ							Ⅰ ⅩⅣ
127 タコ 　P型，B型									Ⅲ-∨	Ⅰ
128 イカ 　1)長さが幅より1～2倍の尖った胴 2)下に足としての突起		1								Ⅷ
129 亀 　P型 1)頭部 2)胴 　3)丘状の背 4)前肢または後足としての突起				3						Ⅷ
B型 1)頭部 2)長さが幅の1～1.5倍の胴 3)〃	Ⅳ-∨→			W-∧∨		W Ⅱ→				
130 カエル										

—89—

基礎概念と基礎形体条件	条件に合格する領域の代表例									
	I	II	III	IV	V	VI	VII	VIII	IX	X
P型 1)分離不十分な頭 2)長さが幅の2倍の胴 3)前足,後足						II				VIII XII
B型 1)〃 2)長さが幅の1〜1.5倍の胴 3)〃										
131 クラゲ P型, B型								IV	W(-I)∨W-V	I
132 タツノオトシゴ 1)釣針状の胴から尾 2)細長い体 3)頭部				I→						1
133 巻貝			III→					1		
[その他の動物]										
134 トカゲ,カメレオン P型, B型						IV		I		VIII
135 ヘビ 1)細長い紐状の体 2)分離された頭			dr(I上部)	2	←4	IV←	2		IV	1
136 竜 P型, B型				V-V				III	III	
137 恐竜										X->I→
138 アメーバー										I→
[動物物体]										
139 クモの巣										
C:植物→23,26,27,63〜68										
[花]										
140 花 P型I型 1)花弁下部は放物線 2)上部は滑らかな曲線 3)上部に花芯としての突起があってもよい II型(房状に集合した花)		IV S-V	III/2->	1	W-V	W-V	1-V	W-∧V II V VIII dr(II+I)-V	W(-I) S2 I	III-V X XIII
								drS(VII中央S)		
B型 1)中央より多方向に突出した花弁としての突起 *藤の花								drS(VII中央S)		I
141 蕾 1)ほぼ楕円形 2)茎以外の突起がない									V	IX/2
[野菜,果物]										
142 大根,人参 1)一端が尖り,他端が丸みを帯びた細長							I		III dr(II+III)→	

資料

基礎概念と基礎形体条件	条件に合格する領域の代表例									
	I	II	III	IV	V	VI	VII	VIII	IX	X
い根部 2)葉としての部分があってもよい										
143 カブラ										
1)円形または扁平な円形の根部 2)いくらかの小突起 3)葉としての塊があってもよい								W→	W(-III) S2-V VII	
144 サツマイモ								I	III	VIII
145 柿，リンゴなどの果物										
1)滑らかな外縁 2)ほぼ円形 3)円形の一部に小突起，または小陥没						3			VII	dr(V内部)IX
146 果物の芯										
1)外縁は多少不規則でもよいが著明な突起がない 2)内部に種 3)中央に線構造									V	
[その他の植物]										
147 茂みのある木										
I型 1)二等辺三角形または楕円形の不規則な外縁 2)全体または下部に中央線	6-∨	S		W				IV VI	W(-I) V	III-∨
II型 1)二等辺三角形 2)外縁はあまり不規則でない	2->									
148 木の枝										
1)細長いこと 2)角張って屈曲した分枝があること				IV		dr(2付着部小突起)			I	
149 切り株										
1)ほぼ矩形の幹 2)両側または下部に数個の突起					←I 6					
150 木の根										
P型 I型 1)木の枝に準ずる				IV						
II型 1)細長い根幹 2)両側または下部に数個または多数の複雑な突起								III		III XIII
B型 1)中心の塊 2)多数の放射状の突起										I
151 ハボタン					V					
152 サボテン								W→		

—91—

基礎概念と基礎形体条件	I	II	III	IV	V	VI	VII	VIII	IX	X
153 サンゴ							W		1 S1-∨	
154 ヒョウタン										
D：建造物→99										
155 家 1)三角またはハシゴ形の下広がりの屋根 2)その下に屋根より狭い四角形 3)底辺は屋根の底縁に平行 4)左右対称	W-∨	←1 S	W-∨				1-∨	←VI		IV
156 城 1)三角形またはハシゴ形の屋根 2)その下に屋根幅より狭くない四角形 3)〃 4)〃				I-∨					V	XIII
157 門 I型 1)空間を囲む入り組んだアーチ形の内縁 2)左右対称 II型(閉じた門)			W-∨ III-∧∨				W-∨ 1		W-∨ 1 W(-I)∨	IV VII←
158 灯台		1				VII	1			
159 塔	W-∨	1					VII			XIII
160 橋 1)内縁または外縁がアーチ状 2)アーチの基部または中央部に橋脚 3)左右対称		dr(1下部)	III				1-∨		1	VII←
161 テント 1)二等辺三角形または二等辺角突起 2)左右対称								IV		IX
162 スズラン灯									1	IV-∨
163 灯籠	W-∨			W			W-∨ S-→		S1-∨	
164 噴水									IV→	
E：乗り物→100										
165 船 P型 1)下縁は椀状の曲線 2)上縁に煙突や帆柱としての突起 F型 1)下縁は椀状または二等辺角突起 2)上縁中央に帆柱や帆としての突起				6-∨		V-→	1	I-→ W-∧∨ dr(IV+III) ∨		

資　　料

基礎概念と基礎形体条件	条件に合格する領域の代表例									
	I	II	III	IV	V	VI	VII	VIII	IX	X
166 飛行機 　B型 1)機首,機体,機尾 2)機体の両側に幅広い翼状の広がり 3)左右対称		S	VI(-1)		W			IV V		
167 ヘリコプター						W				
168 戦車						V->				
F：天体→77										
169 太陽		IV							S2	I
170 月									S2	
G：服飾類										
171 服,着物 　P型 　F型 I型 1)ヒョウタン状の輪郭 2)著明な突起がない	I								S1-∨	VI
II型 1)縦,横幅が等しい広がり 2)両側上部に水平方向に張り出した袖				W		II-∨		II-∨		
III型										XIII
172 靴下 　1)踵 2)足先 3)滑らかな外縁		III								
173 靴 　1)踵 2)足先 3)足背の滑らかな外縁	4	III	2	II III		1				
174 王冠 　1)幅広い矩形の基部 2)下縁は平坦か軽度の凹または凸の曲線 3)上部に飾りを意味する突起があってもよい 4)左右対称	W-∧∨ V			W-∧∨ 6-∨	1			W VI		
175 兜 　1)〃 2)〃 3)上部に飾りを意味する角状または三角状の突起	W-∨ V			1			W		VI	
176 帽子 　P型 1)ほぼ櫛状またはハシゴ形 2)滑らかな外縁 3)ヒサシとしての小突起	7			2->						II
F型 1)鋭角二等辺三角形または櫛状 2)滑らかな外縁	W-∨	1		1			II		4 S2	
177 リボン,蝶ネクタイ 　1)中央に結び目とし			III				II	II VIII		

基礎概念と基礎形体条件	Ⅰ	Ⅱ	Ⅲ	Ⅳ	Ⅴ	Ⅵ	Ⅶ	Ⅷ	Ⅸ	Ⅹ
ての小塊 2)両側に翼状の広がり										
178 勲章, ワッペン	W→			W-∨ 1		W Ⅰ→		W		Ⅳ-∨
179 メガネ			Ⅲ←							Ⅶ
1)左右対称に結合した2つの塊 2)結合部 3)ツル以外に著明な突起がない										
H：家具, 用具, 武器, 楽器類										
180 花瓶			W ∨←			Ⅱ(-1)	S→	W→	WW(-Ⅰ)∨ S1-∧∨	
1)ほぼ平坦か凹または凸状の基底 2)膨らみのある左右対称の外縁										
181 瓶			Ⅶ			Ⅶ	1/2			
1)長さが幅の2〜3倍 2)左右対称の外縁 3)蓋を意味する小さな塊										
182 優勝カップ	Ⅳ-∨							W	S1-∨→	
183 籠			V			Ⅱ				
184 火鉢			W V							
185 植木鉢				6-∨		Ⅱ(-1)				
1)平坦か凹状の底 2)逆ハシゴ形の左右対称の外縁										
186 電球		S							S1→	
1)ほぼ扇形 2)滑らかな外縁										
187 電気の笠	W-∨	S					S-∨ 1	Ⅶ-∨	5-> S2	Ⅲ
1)扇形, 櫛状, 矩形, ハシゴ形, または半円形 2)多くの場合上縁中央に小突起 3)左右対称の外縁										
188 シャンデリア								W Ⅱ		
189 ローソク		1		Ⅳ 2			1/2		Ⅳ→	
1)細長い棒状の基部 2)上縁中央に楕円形の小塊 3) 1)2)の境界は明瞭										
190 振鈴（リン）						W Ⅶ				Ⅲ ⅩⅢ
1)ハシゴ形の基部 2)上縁中央より垂直の棒状突起 3)左右対称										

資　料

基礎概念と基礎形体条件	条件に合格する領域の代表例									
	I	II	III	IV	V	VI	VII	VIII	IX	X
191 蝶番 　1) 蝶のB型に準ずる			V							
192 ウチワ						W-∨				
193 傘→101 　1) 鋭角三角形，櫛状 　2) 底縁中央より垂直の棒状突起		S						Ⅳ	II-∨ VI-∨	
194 コマ		S→								
195 軍配ウチワ						W-∨			dr(S1+ Ⅳ)	
196 バイオリン，三味線などの弦楽器 　1) ハシゴ形またはヒョウタン形の規則的な外縁 2) 中央に基部から続く太い棒状突起 3) 左右対称						W Ⅶ			dr(S1+ Ⅳ)	
197 スコップ 　1) ハシゴ形または半円形の基部 2) 上縁中央より垂直の棒状突起						Ⅶ→	S			
198 ハサミ，ペンチ 　1) 同じ基部からの2本の鋭角状突起 2) 左右対称	3	1 4			←1 3				Ⅳ XI	
199 槍，矢→102 　1) 平行直線状の外縁 2) 十分な長さ 3) 先端は鋭角状		←4						2	Ⅳ	
200 剣				Ⅳ						
201 釣鐘 　1) 釣鐘形の基部 2) 上縁中央より垂直の棒状小突起 3) 左右対称	Ⅳ-∨					W			III Ⅳ XIII	

引 用 文 献

1) Beck, S.J.:*Rorschach's Test 1 Basic Process*, 2nd ed. Grune & Stratton, New York, 1940.
2) 堀見太郎・辻悟・長坂五朗・浜中薫香：阪大スケール．心理診断法双書　ロールシャッハ・テスト1，本明寛・外林大作（編），pp.144-196, 中山書店, 東京, 1958.
3) 池田豊應（編）：臨床投映法入門．pp.34-38, ナカニシヤ出版, 京都, 1995.
4) 片口安史：新・心理診断法．pp.48-57, 金子書房, 東京, 1971.
5) Klopfer, B. & Davidson, H. H.（河合隼雄訳）：ロールシャッハ・テクニック入門．pp.62-72, ダイヤモンド社, 東京, 1964.
6) Klopfer, B. & Ainsworth, M. D.:Interpretation－Quantitative Analysis. in;*Development in the Rorschach Technique*, Vol.1(authered by Klopfer, B. *et al*), pp.249-316, World Book, New York, 1954.
7) Meili-Dworetzki, G.:The Development of perception in the Rorschach. in;*Developments in the Rorschach Technique*, Vol.2 (authered by Klopfer, B. *et al*), pp.104-176, World Book, New York, 1956.
8) 長坂五朗：ロールシャッハ・テストに関する研究（その一）．精神々経学雑誌, **54**, 1-35, 1952.
9) Phillips, L.&Smith, J. G.:*Rorschach Interpretation;Advanced Technique*. Grune & Stratton, New York, 1953.
10) Rorschach, H.:*Psychodiagnostik*. 9 durchgeschene Aufl.(Iste Aufl. 1921) Hans Huber, Bern, 1941.
11) Rorschach, H.－Posthum herausgegeben von Oberholzer, E.－:Zur Auswertung des Form-deutversuchs für die Psychoanalyse. Zeitschr. f. d. ges. *Neurol. und Psychiat*., Bd. 82, 1923（上記の文献10）に第7章 pp.181-216 として収録）
12) 高橋雅春・西尾博行：包括的システムによるロールシャッハ・テスト入門－基礎編－．pp. 180-199, サイエンス社, 東京, 1994.
13) 辻　悟：ロールシャッハ検査法－形式・構造解析に基づく解釈の理論と実際－．金子書房, 東京, 1997.
14) 辻　悟・河合隼雄・藤岡喜愛・氏原寛（編著）：これからのロールシャッハ．pp.245-257, 創元社, 大阪, 1987.
15) 辻　悟・藤井久和・林正延：基礎形体レベル判定基準について．ロールシャッハ研究, **6**, 147-181, 1963.
16) 辻　悟・藤井久和・大海作夫・恵美周子：ロールシャッハ・テストの間隙反応について．ロールシャッハ研究, **1**, 21-31, 1958.
17) 辻　悟・浜中薫香：児童の反応．心理診断法双書　ロールシャッハ・テスト1, 本明寛・外林大作(編), pp.271-348, 中山書店, 東京, 1958.

索　引
（阪大法のスコア・標識の解説ページを記載）

A

A	36,37
(A)	36,38
(Ad)	36,38
A S	41
A・obj	40
Ad	36,38
Additional response	55
AQ	35,48,49
Arch	40
As	40
At	36,39

B

BFL	22,24
Bld	36,39
bony At	36,39

C

C	11
C S	41
C. C.	58
C. R. Imp.	54
C/F	11,15
C´	11,18
Cd S	41,42
Cdes	11,16
CF	11,14
CM	11,18
Cn	11,16
Comp S	41,42
Content	36
Cr	36,38
Csymb	11,16

D

D	3,6
(D)	3,6
d	3,7,22,31
d´D	3,6
D´W	3,5
D=S	9
dA	38
dD	3,6
Dd	3,7
dd	3,7
de	3,7
Dec	40
Determinant	11
dH	38
di	3,7
Do	3,9,10
DoD	3,6
DoW	3,5
dr	3,7
drS	9
dr=S	9
DS	3,6,9
DW	3,5

E

E. E.	58
Edg.	58
Emb	40

Ex.	58
Expl	36, 39

F

F	11, 14
(F)	11, 14
F−	22, 27
F/C	11, 16
F+	22, 27
F ↔ C	11, 16
Failure	54
FC	11, 14
FM	11, 18
(FM)	11, 18
FM_M	11, 18
FMpost	11, 18
Form-definite	12
Form-indefinite	12
Fpm	22, 27
Fの特殊型	11, 14
F−のレベル	22, 29

G

Gross-structure	13

H

H	36, 37
(H)	36, 38
h	22, 31
Hd	36, 38
(Hd)	36, 38
Hh	40

I

Imd.	56
Imp	40
Imp S	41, 42
Imp.	54
Inquiry	55
Instruction	53

L

l	22, 31
Location	3
Ls	36, 39

M

M	11, 18
(M)	11, 18
m	11, 18
Movement response	18
Mpost	11, 18
Mus	40

N

n	22, 31
N S	41, 42
Na	40

O

Obj	40
OD	3, 9, 10
Org.	30
Organization	22, 30, 48
Orna	40

P

Performance proper	54
Perseveration	34
Plt	36, 38
Po	13
Popular %	48, 49

索 引

Q

Q S ……………………………… 41, 42

R

R ……………………………………… 44
Rating ……………………………… 23, 34
Rc …………………………………… 40
RC …………………………………… 44
RC（Av.）………………………… 48, 49
RC（Av.C.C.）…………………… 48, 49
RC（Av.N.C.）…………………… 48, 49
Rejection ………………………… 54
R_IT ……………………………… 44
R_IT（Av.）……………………… 48, 49
R_IT（Av.C.C.）………………… 48, 49
R_IT（Av.N.C.）………………… 48, 49
RT（Av.）………………………… 48, 49

S

S …………………………………… 7
Sb ………………………………… 3, 8, 12, 13
Sc ………………………………… 3, 8
Scoring Table …………………… 45
Scoring Table（Ⅰ）…………… 45, 46, 47
Scoring Table（Ⅱ）…………… 45, 48
Sentence Type …………………… 41
Sf ………………………………… 3, 8, 12, 13
Sm ………………………………… 36, 39
Sp. − ……………………………… 23, 32
Sp. + ……………………………… 23, 32
Sp. ∓ ……………………………… 23, 32
Sp. ± ……………………………… 23, 32
Specification …………………… 22, 32
Ss ………………………………… 3, 8, 12, 13
Su ………………………………… 3, 8
Sw ………………………………… 3, 8

T

T …………………………………… 11, 17, 44
Test proper ……………………… 54
Testing the Limits ……………… 56
Tr …………………………………… 40

U

unusual detail …………………… 7

V

V …………………………………… 11, 17
visceral At ……………………… 36, 39

W

W …………………………………… 3, 4
(W) ………………………………… 3, 5
W. R. ……………………………… 58
WS ………………………………… 3, 5

X

Xray ……………………………… 36, 39

Y

Y …………………………………… 11, 17

その他

Ð …………………………………… 3, 6
Ŵ …………………………………… 3, 4
+ …………………………………… 22
+o ………………………………… 22
+p ………………………………… 22
→FM ……………………………… 19
→M ………………………………… 19
Ⅰクラス ………………………… 22, 26, 80
Ⅱクラス ………………………… 22, 26, 80
Ⅲクラス ………………………… 22, 26, 80

Ⅳクラス	22,26,81		結合反応	30,31
Ⅴクラス	22,26,84		限界吟味段階	56
(Ⅷ−Ⅹ)%	48,49			

い
位置反応 …………………………… 12,13

う
受け身の運動 ……………………… 19
運動反応 …………………………… 11,18

お
オリジナル反応 …………………… 22,27

か
カード回転数 ……………………… 44

き
基礎概念 …………………………… 24
基礎形体条件 ……………………… 24
基礎形体水準 ……………………… 24
基礎形体水準判定基準表 ………… 27,80
疑問型 ……………………………… 41,42
許容反応 …………………………… 22,27
記録表 ……………………………… 45
記録表(Ⅰ) ………………………… 45
記録表(Ⅱ) ………………………… 45

く
空白反応 …………………………… 3,7

け
継時性結合全体反応 ……………… 20
形体色彩反応 ……………………… 11,14
形体水準 …………………………… 22
形体反応 …………………………… 11,12,14

こ
(広義)色彩反応 …………………… 11,14
広義の色彩反応 …………………… 16
合成スコア ………………………… 20
混交全体反応 ……………………… 34

さ
材質反応 …………………………… 11,17
錯雑型 ……………………………… 41,42
作話性結合全体反応 ……………… 33,34

し
色彩記述 …………………………… 16
色彩形体反応 ……………………… 11,14
色彩反応(狭義) …………………… 11,14
色彩命名 …………………………… 16
識別的輪郭形体 …………………… 12
識別的輪郭形体以外の輪郭形体 … 12
姿態運動反応 ……………………… 11
質疑段階 …………………………… 55
実施段階 …………………………… 54
主体を特定できない運動反応 …… 11,18
純色彩反応 ………………………… 11,15
条件型 ……………………………… 41,42
象徴的色彩反応 …………………… 16
初発反応時間 ……………………… 44
所要反応時間 ……………………… 44

せ
全体反応 …………………………… 3,4

た
第Ⅰカテゴリー …………………… 2,44

| 第Ⅱカテゴリー ……………………………… 2,4
| 第Ⅲカテゴリー …………………………… 2,12
| 第Ⅳカテゴリー …………………………… 2,24
| 第Ⅴカテゴリー …………………………… 2,36
| 第Ⅵカテゴリー …………………………… 2,41
| 大域的構造 ………………………………… 12,13
| 単彩（黒・白）反応 ……………………… 11,18
| 単純形体 ……………………………………… 12
| 断定（言い切り）型 ……………………… 41

ち

中間頻度の反応 …………………………… 22

つ

通景反応 …………………………………… 11,17

て

定型識別形体 ……………………………… 12
適応指数 …………………………………… 35

と

統合失調症者 ……………………………… 34
動物の運動反応 …………………………… 11,18
動物の人間様運動反応 …………………… 11,18
特殊要素の評定 …………………………… 22,32
特定形体条件 ……………………………… 24
独立概念の羅列 …………………………… 22,31

な

内部構造・内部形体の活性化 ………… 12,13

に

人間の運動反応 …………………………… 11,18

は

反応決定因 ………………………………… 11

反応数 ………………………………………… 44
反応内容 ……………………………………… 36
反応の結合 ………………………………… 22,30
反応領域 ……………………………………… 3

ひ

否定型 ……………………………………… 41,42
批判（思慮）型 …………………………… 41
評定ランク ………………………………… 23
評点法 ……………………………………… 23,34

ふ

付加反応 …………………………………… 55
不完全型 …………………………………… 41,42
不答 ………………………………………… 54
不自然色彩反応 …………………………… 16
不自然な結合表現 ………………………… 22,31
普通小部分反応 …………………………… 3
普通大部分反応 …………………………… 3
普通でない部分反応 ……………………… 3,7
普通部分反応 ……………………………… 3
不定形体 …………………………………… 12
不定形体の色彩反応 ……………………… 11,15
不特定色彩をともなう形体反応 ………… 16
部分反応 …………………………………… 3,6
不良形体反応 ……………………………… 22,27
分散 ………………………………………… 12,13
文章型 ……………………………………… 41

へ

平均初発反応時間 ………………………… 49
平均所要反応時間 ………………………… 49

ほ

保続 ………………………………………… 34
ポピュラー反応 …………………………… 22,27

む

無形体 ································ 12
無生物の運動反応 ···················· 11,18

め

明暗・陰影（灰色）反応 ············· 11,17

ゆ

有意義な結合表現 ···················· 22,31

り

良形体反応 ························· 22,27

る

類人間の運動反応 ···················· 11,18
類動物の運動反応 ···················· 11,18
ルーズな結合表現 ···················· 22,31

著者紹介

辻　悟（つじ・さとる）

1926年大阪生まれ．1948年大阪大学医学部卒業．大阪大学医学部精神医学教室助教授を経て，1979年榎坂病院付属治療精神医学研究所所長．1997年より平井クリニック勤務．2011年逝去．日本ロールシャッハ学会名誉会員，日本精神分析学会名誉会員，日本思春期青年期精神医学会名誉会員．医学博士．

[主　著]

阪大スケール，児童の反応　1958（心理診断法双書『ロールシャッハ・テスト1』共著）中山書店
投映法　1978『現代精神医学大系』中山書店
治療精神医学──ケースカンファレンスと理論（編著）1980　医学書院
治療精神医学への道程　1981　治療精神医学研究所
ロールシャッハと私の精神医学　1987（『これからのロールシャッハ』共同編著）創元社
ロールシャッハ検査法──形式・構造解析に基づく解釈の理論と実際　1997　金子書房
Rorschachテスト　1999『臨床精神医学講座』中山書店
ロールシャッハ・スコアリング──阪大法マニュアル　1999（共著）金子書房
こころへの途──精神・心理臨床とロールシャッハ学　2003　金子書房
治療精神医学の実践──こころのホームとアウェイ　2008　創元社　ほか

福永知子（ふくなが・ともこ）

1969年関西学院大学文学部心理学科卒業．大阪大学医学部付属病院精神神経科臨床心理職員，大阪大学大学院医学系研究科精神医学教室助教を経て，2010年退官．大阪市立大学・甲南女子大学大学院非常勤講師を経て，現在関西ロールシャッハ研究会代表．臨床心理士，医学博士．

[主　著（共著）]

心理検査　1996『臨床精神医学』南山堂
心理学的検査　1999『臨床精神医学講座』中山書店
ロールシャッハ・スコアリング──阪大法マニュアル　1999　金子書房
高齢者の心理テスト　2016『改訂 認知症の人の心理と対応』ワールドプランニング　ほか

改訂版　ロールシャッハ・スコアリング──阪大法マニュアル

1999年10月25日　初　版第1刷発行
2018年6月6日　改訂版第1刷発行

著　者　辻　悟・福永知子
発行者　金子紀子
発行所　株式会社　金子書房
　　　　東京都文京区大塚3-3-7　〒112-0012
　　　　電話 03(3941)0111　振替 00180-9-103376　http://www.kanekoshobo.co.jp
印　刷　藤原印刷㈱　　製　本　㈱宮製本所

検印省略　ⓒ2018, Satoru Tuji, Tomoko Fukunaga
ISBN978-4-7608-3825-7　C3011 Printed in japan